Cızırtılı Lokum Yemek Kitabı

100 AĞIZ SULANDIRICI VE ÇIĞLIK SICAK CIZIRTILI TARİFLERİ

Ali Doğan

İÇİNDEKİLER

VEGAN SIZZLERS 75

KANATLI SIZZLER 101

GİRiiŞ

Modern yaşam kesinlikle içimizdeki şefleri ortaya çıkardı ve evde restoran tarzı yemekleri yeniden yaratma arayışına ilham verdi. Hepimizin denediği en son trend, restoran tarzı Sizzlers'tan ilham alıyor.

Biliyorsanız, çığlık atan ateşli bir cızırtının heyecanını bilirsiniz.

Dramatik olduğu kadar eğlenceli de, yakıcı derecede sıcak olan tabağın üzerine dökülen bir sosun tatmin edici cızırtısıyla seslendiriliyor. Seninle aynı seviyeye geleceğim, montajda yer alan adil bir çabayla ustalaşması en kolay yemek değil. Ancak, nihai sonuç kesinlikle buna değer! İşte kendi cızırtınızı kişiselleştirmeye başlamanız için birkaç kullanışlı tarif!

BAŞLAYANLAR

1. Sizzler Sarımsaklı peynirli tost

Yapar: 8 Porsiyon

İÇİNDEKİLER:

- 2 kilo ekmek
- Tereyağı
- Rendelenmiş parmesan peyniri
- Yağ, ızgara için

TALİMATLAR:

a) Ekmek dilimlerinin her iki tarafını da yağlayın.

b) Tereyağlı dilimleri rendelenmiş Parmesan peyniri (Kraft kurutulmuş parmesan gibi) içine bastırın.

c) Dilimleri rendelenmiş peynirle iyice kaplayın.

d) İyi yağlanmış düz bir ızgara veya tavada orta ateşte bir kez çevirerek kızartın.

e) Ekstra ekmek iyi donar.

2. Izgara biber s'mores

Yapar: 6 Porsiyon

İÇİNDEKİLER
- 6 Bütün közlenmiş biber; soyulmuş
- Yarım kilo taze mozzarella
- tutam tuz
- 3 çay kaşığı zeytinyağı
- 1 demet Biberiye
- Bir tutam taze çekilmiş karabiber

TALİMATLAR:
a) Her biberin içine bir parça peynir koyun.

b) Bitirmek için küçük bir dal biberiye, tuz, karabiber ve 1/2 çay kaşığı zeytinyağı ekleyin. Her bir biberin üstünü doğranmış kısım ile kapatın.

c) Izgarayı orta-yüksek ısıya önceden ısıtın.

d) Biberleri ızgaraya koyun ve peynir eriyene kadar maşayla çevirerek her bir yüzünü 2 dakika pişirin.

e) Tabağa alın ve üzerine zeytinyağı gezdirin, tuz ve karabiber ekleyin ve üzerine biberiye dalı ekleyin. Hemen servis yapın.

3. Izgara domates ve peynir turları

Yapar: 4 Porsiyon

İÇİNDEKİLER
- 4 dilim ekmek, beyaz
- 1 büyük Domates, silinmiş ve Dilimlenmiş
- 4 dilim Keçi Peyniri Yuvarlak

PANSUMAN
- 2 çay kaşığı Limon suyu
- tutam tuz
- Bir tutam taze çekilmiş karabiber
- Salata yaprakları seçimi
- 1 çay kaşığı Sirke, Balzamik
- 2 yemek kaşığı zeytinyağı

TALİMATLAR:
a) Izgarayı önceden ısıtın.

b) 3 inçlik yuvarlak bir metal kesici ile ekmek dilimlerinden dört tur kesin, ardından orta derecede bir fırında 1-2 dakika veya altın rengi kahverengi olana kadar kızartın.

c) Tost halkalarını domates ve keçi peyniri halkalarıyla doldurun ve kızarana kadar 4-5 dakika daha ısıtın.

d) Sos malzemelerini birleştirin, ardından servis tabaklarında marul yapraklarından oluşan bir yatağın üzerine ızgara keçi peyniri halkalarını yerleştirin.

e) Üstüne sosu serpin ve hemen servis yapın.

4. Izgara Cajun bamya ve mısır

İÇİNDEKİLER

- ¼ su bardağı taze limon suyu
- 1 yemek kaşığı Cajun baharatı
- 1 çay kaşığı rendelenmiş kireç kabuğu
- 1 diş sarımsak, kıyılmış
- 5½ ons Domates suyu
- 3 başak ayıklanmış mısır, çaprazlamasına dilimler halinde kesilmiş
- ½ kilo Bamya
- 1 Kırmızı dolmalık biber, 1 inçlik kareler halinde kesin
- sebze pişirme spreyi

TALİMATLAR:

a) Büyük, ağır hizmet tipi bir plastik torbada ilk 5 malzemeyi birleştirin.

b) Torbayı içindeki sebzelerle kapatın. Torbayı yarıya kadar çevirerek 1 saat buzdolabında bekletin.

c) 6 şiş kullanarak dönüşümlü olarak sebzeleri şişleyin.

d) Pişirme spreyi ile kaplı bir ızgara rafında 13 dakika veya yumuşayana kadar pişirin, kalan marine ile düzenli olarak çevirin ve yağlayın.

5. peynir cızırtıları

İÇİNDEKİLER:
- 1 c rendelenmiş İsviçre peyniri veya 1 su bardağı çedar peyniri
- 1/4 c ufalanmış pişmiş domuz pastırması
- 1/4 c. mayonez
- 1 yemek kaşığı frenk soğanı veya 1 yemek kaşığı doğranmış yeşil soğan
- 1/4 su bardağı doğranmış siyah zeytin
- 18 dilim minyatür çavdar kokteyl ekmeği

TALİMATLAR:
a) Tüm malzemeleri birleştirin ve iyice karıştırın;
b) Ekmek dilimlerinin üzerine yayın;
c) Peynir eriyene kadar ısıdan 4 inç kızartın.

6. Sizzler Peynirli Tost Kopyacı

Yapar: 4 dilim

İÇİNDEKİLER:

- ¼ C yumuşatılmış tuzlu tereyağı
- ¼ C rendelenmiş İtalyan Peynir karışımı parmesan, mozzarella, asiago, vb.
- Teksas tostu gibi 4 dilim kalın dilimlenmiş ekmek

TALİMATLAR:

a) Tereyağı ve peyniri küçük bir kapta birleştirin.

b) Ekmeğin bir tarafına yayın ve orta-düşük ısıda yapışmaz bir tavada tereyağlı tarafı alta gelecek şekilde pişirin. Peynir altın rengi olana kadar pişirin ve bir tabağa alın. Kes ve servis et.

SALATALAR VE YANLAR

7. Odun Ateşinde Biber

Yapar: 2

İÇİNDEKİLER:
- 11 ons bebek biberleri
- 4 yemek kaşığı zeytinyağı
- Meksika usulü yeşil domates sosu
- 2 oz. maydanoz
- 2 oz. reyhan
- 1 diş sarımsak, kıyılmış
- 6 yemek kaşığı zeytinyağı
- 2 çay kaşığı deniz tuzu
- Yarım limon suyu

TALİMATLAR:
a) Salsa Verde malzemelerini bir mutfak robotunda birleştirin.
b) Sizzler Tavanızı iki çay kaşığı zeytinyağı ile önceden ısıtmak için fırına yerleştirin.
c) Biberleri Sizzler'ın içine koyun, zeytinyağı gezdirin ve 5 dakika veya bir tarafı kızarana kadar fırına geri dönün, ardından biberleri ters çevirin ve 5 dakika daha pişirin.
d) Biberleri fırından çıkarın ve üzerlerine salsa Verde serpin.
e) Sert.

8. Parma Jambonlu Kuşkonmaz

*yapar:*2

İÇİNDEKİLER:
- 8 kuşkonmaz mızrağı
- 8 dilim Parma jambonu
- 2 yemek kaşığı zeytinyağı
- 2 yemek kaşığı parmesan, rendelenmiş

TALİMATLAR:
a) Odun fırınını orta-yüksek sıcaklığa önceden ısıtın.

b) Kuşkonmaz mızraklarını bir tencerede hafifçe kaynayan suda iki dakika bekletip sonra çıkarıp buzlu suya veya soğuk akan suyun altına koyarak haşlayın.

c) Zeytinyağını ekledikten sonra ısınması için Grizzler'ınızı odun fırınınıza yerleştirin.

d) Parma jambonunun kenarını kuşkonmaz mızrağının etrafına sarın ve mızrağı jambonun içine tamamen kaplamak için yuvarlayın.

e) Grizzler'ı fırından çıkarın ve sarılı kuşkonmazı yerleştirin.

f) Kuşkonmazın üzerine parmesan serpin ve Grizzler'ı tekrar fırına verin.

g) Her bir tarafta iki dakika veya her iki tarafta ızgara izleri çıkana kadar ızgara yapın.

9. Sıcak ve Baharatlı Cızırtılı Sos

Yapar: 1 Porsiyon

İÇİNDEKİLER:
- 4 Domuz pastırması, dilimlenmiş
- ⅓ fincan Pace Picante Sos
- ¼ bardak Kırmızı şarap sirkesi
- 2 çay kaşığı Şeker

a) Pastırmayı gevrek olana kadar tavada pişirin.

b) Kalan malzemeleri ekleyin ve sürekli karıştırarak kaynatın.

c) Servis yapmadan hemen önce ıspanak salatalarının veya dilimlenmiş domateslerin üzerine sıcak sosu gezdirin.

10. patates kızartması

İÇİNDEKİLER:

- 2 adet orta boy patates
- Kızartmalık yağ
- 1 soğan (doğranmış)
- 3 Domates (Salça)
- 1 yemek kaşığı Zencefil Sarımsak Ezmesi
- 3 yemek kaşığı Acı Sarımsaklı Ketçap
- 1 yemek kaşığı Soya Sosu
- 2 yemek kaşığı Biber Sarımsaklı Sos
- Tatmak İçin Tuz
- 1 tatlı kaşığı Kırmızı Biber Tozu
- 1/4 su bardağı Su
- 4-5 yemek kaşığı Yağ
- İsteğe göre kişniş yaprağı
- 1 Adet Doğranmış Yeşil Biber

TALİMATLAR:

a) Patatesleri güzelce soyup yıkayın

b) Şimdi onları patates kızartması gibi kesin ve nişastayı çıkarmak için iyice yıkayın.

c) Derin kızartma için bir tavada Yağı ısıtın.

d) İyice pişene kadar derin kızartın.

e) Yağı onlardan süzün.

f) Şimdi bir tavaya 3-4 yemek kaşığı sıvı yağ alıp kızdırın.

g) Doğranmış soğanları ekleyin ve rengi değişene kadar pişirin.

h) Şimdi zencefilli sarımsaklı salçayı ekleyin ve iyice karıştırın.

i) Şimdi salçayı ekleyin ve iyice karıştırın ve bir süre pişirin.

j) Kırmızı biber tozunu ekleyin ve iyice karıştırın.

k) Şimdi su ekleyin ve sos görünümü verene kadar iyice karıştırın.

l) Şimdi tuz, soya sosu ve acı sosu ekleyin ve iyice karıştırın.

m)   Şimdi kişniş yapraklarını ekleyin ve iyice karıştırın. Sonra biber sarımsak ketçap ekleyin ve iyice karıştırın.

n) Şimdi patatesleri ekleyin ve iyice karıştırın ve yaklaşık 2-3 dakika pişirin.

o) Patates cızırtılısını bir kaseye alın.

p) Kişniş yaprakları ve yeşil biber serpin ve kızarmış pilav ile sıcak servis yapın.

11. Cızırtılı ıspanak

İÇİNDEKİLER:

- 250 gr ıspanak
- 2 yemek kaşığı Besan
- 4 tane
- 3 soğan
- damak zevkine göre Tuz
- Arzuya göre kırmızı biber
- gerektiği gibi Mango tozu
- İhtiyaca göre Yağ

TALİMATLAR:

a) Tavaya yağı alıp kızdırın.

b) Şimdi ıspanak, patates, soğan, tuz, kırmızı biber ve mango tozunu karıştırın.

c) Şimdi hamur yapın ve daha cızırtılı şekil verin. Kızartın. hazır.

12. Baharatlı Fasulye Salatası

Marka: 5 BARDAK (1,19 L)

İÇİNDEKİLER:

- 4 bardak pişmiş fasulye (veya 2 [15 ons] (426 g) kutu, süzülmüş ve durulanmış)
- 1 orta boy patates, haşlanmış ve doğranmış
- ½ orta boy kırmızı soğan, soyulmuş ve doğranmış
- 1 orta boy domates, doğranmış
- 1 parça zencefil kökü, soyulmuş ve rendelenmiş veya kıyılmış
- 2–3 yeşil Tay, serrano veya kırmızı biber, doğranmış
- 1 limon suyu
- 1 çay kaşığı siyah tuz
- 1 çay kaşığı Chaat Masala
- ½ çay kaşığı kaba deniz tuzu
- ½-1 çay kaşığı kırmızı şili tozu veya kırmızı biber
- ¼ fincan (4 gr) doğranmış taze kişniş
- ¼ fincan (59 mL) Demirhindi – Hurma Hint Turşusu

TALİMATLAR:

a) Büyük bir kapta, Demirhindi – Hurma Chutney dışındaki tüm malzemeleri karıştırın.

b) Salatayı küçük servis kaselerine bölün ve her birini bir çorba kaşığı Demirhindi – Hurma Chutney ile doldurun.

13. Kavrulmuş Karnabahar ve Brokoli

Marka: 8 BARDAK (1,90 L)

İÇİNDEKİLER:

- 1 büyük baş karnabahar, çiçekleri çıkarılmış ve ısırık büyüklüğünde parçalar halinde dilimlenmiş (3 su bardağı [300 g])
- 1 büyük baş brokoli, çiçekleri çıkarılmış ve lokma büyüklüğünde parçalar halinde dilimlenmiş (1 su bardağı [100 g])
- 2 su bardağı (320 gr) çeri domates
- 1 tepeleme yemek kaşığı garam masala
- 2 çay kaşığı kaba deniz tuzu
- 2 yemek kaşığı yağ

TALİMATLAR:

a) Bir fırın rafını en yüksek konuma getirin ve fırını 220°C'ye (425°F) önceden ısıtın. Kolay temizlik için bir fırın tepsisini alüminyum folyo ile kaplayın.

b) Karnabahar, brokoli ve domatesleri geniş, ferah bir kaseye koyun.

c) Garam masala, tuz ve yağı ekleyin. Yavaşça karıştırın.

d) Karışımı hazırlanan fırın tepsisine yerleştirin. Pişirme süresinin yarısında bir kez karıştırarak 30 dakika pişirin. Hafifçe soğumaya bırakın.

e) Pideye doldurulmuş pilav veya roti veya naan ile servis yapın.

14. Nohut Patlatıcısı

Markalar: 4 BARDAK (948 ML)

İÇİNDEKİLER:
● 4 su bardağı pişmiş nohut veya 2 adet 12 onsluk nohut
● 1 yemek kaşığı garam masala, Chaat Masala veya Sambhar Masala
● 2 çay kaşığı kaba deniz tuzu 2 yemek kaşığı sıvı yağ
● 1 çay kaşığı kırmızı şili tozu, acı biber veya kırmızı biber, artı serpmek için daha fazlası

TALİMATLAR:
a) Bir fırın rafını en yüksek konuma getirin ve fırını 220°C'ye (425°F) önceden ısıtın. Kolay temizlik için bir fırın tepsisini alüminyum folyo ile kaplayın.

b) Mümkün olduğunca fazla nemden kurtulmak için nohutları yaklaşık 15 dakika boyunca büyük bir kevgir içinde boşaltın. Konserve kullanıyorsanız, önce durulayın.

c) Büyük bir kapta, tüm malzemeleri yavaşça karıştırın.

d) Terbiyeli nohutları fırın tepsisine tek bir tabaka halinde düzenleyin.

e) 15 dakika pişirin. Tepsiyi dikkatlice fırından çıkarın, nohutların eşit şekilde pişmesi için hafifçe karıştırın ve 10 dakika daha pişirin.

f) 15 dakika soğumaya bırakın. Kırmızı şili tozu, acı biber veya kırmızı biber serpin.

15. Annemin Mung Filiz Salatası

Yapar: 2 BARDAK (474 ML)

İÇİNDEKİLER:
- 1 su bardağı (192 gr) filizlenmiş bütün yeşil mercimek
- 1 yeşil soğan, doğranmış
- 1 küçük domates, doğranmış (½ su bardağı [80 g])
- ½ küçük kırmızı veya sarı dolmalık biber, doğranmış (¼ fincan [38 g])
- 1 küçük salatalık, soyulmuş ve doğranmış
- 1 küçük patates, haşlanmış, soyulmuş ve doğranmış
- 1 parça zencefil kökü, soyulmuş ve rendelenmiş veya kıyılmış
- 1–2 yeşil Tay, serrano veya kırmızı biber, doğranmış
- ¼ fincan (4 gr) doğranmış taze kişniş
- ½ limon veya misket limonu suyu
- ½ çay kaşığı deniz tuzu
- ½ çay kaşığı kırmızı şili tozu veya kırmızı biber
- ½ çay kaşığı sıvı yağ

TALİMATLAR:
a) Tüm malzemeleri birleştirin ve iyice karıştırın. Yan salata veya hızlı, sağlıklı, yüksek proteinli bir atıştırmalık olarak servis yapın.
b) Hızlı bir öğle yemeği için doğranmış avokado ile pidenin içine doldurun.

16. Domates, Salatalık ve Soğan Salatası

Marka: 5 BARDAK (1,19 L)

İÇİNDEKİLER:
- 1 büyük sarı veya kırmızı soğan, soyulmuş ve doğranmış
- 4 orta boy domates, doğranmış
- 4 orta boy salatalık, soyulmuş ve doğranmış
- 1–3 yeşil Tay, serrano veya kırmızı biber, doğranmış
- 2 limon suyu
- ¼ fincan (4 gr) doğranmış taze kişniş
- 1 çay kaşığı kaba deniz tuzu
- 1 çay kaşığı siyah tuz
- 1 çay kaşığı kırmızı şili tozu veya kırmızı biber

TALİMATLAR:
a) Büyük bir kapta tüm malzemeleri birleştirin ve iyice karıştırın.

b) Herhangi bir yemeğin yanında hemen servis yapın veya hızlı ve sağlıklı bir salsa olarak cipslerin yanında servis yapın. Misket limonu ve domates kombinasyonu ile bu salatanın raf ömrünün uzun olmadığını unutmayın.

17. Nohutlu Popper Sokağı Salatası

Marka: 5 BARDAK (1,19 L)

İÇİNDEKİLER:

- 4 su bardağı (948 mL) herhangi bir masala ile pişirilmiş Nohut Poppers
- 1 orta boy sarı veya kırmızı soğan, soyulmuş ve doğranmış
- 1 büyük domates, doğranmış
- 2 limon suyu
- ½ su bardağı (8 gr) kıyılmış taze kişniş
- 2–4 yeşil Tay, serrano veya kırmızı biber, doğranmış
- 1 çay kaşığı kaba deniz tuzu
- 1 çay kaşığı siyah tuz
- 1 çay kaşığı kırmızı şili tozu veya kırmızı biber
- 1 çay kaşığı Chaat Masala
- ½ fincan (119 mL) Nane Chutney
- ½ fincan (119 mL) Demirhindi – Hurma Hint Turşusu
- 1 su bardağı (237 mL) Soya Yoğurt Raita

TALİMATLAR:

a) Derin bir kapta Nohut Poppers, soğan, domates, limon suyu, kişniş, kırmızı biber, deniz tuzu, kara tuz, kırmızı biber tozu ve Chaat Masala'yı karıştırın.

b) Karışımı ayrı servis kaselerine paylaştırın.

c) Her kaseyi birer çorba kaşığı Nane ve Demirhindi – Hurma Chutneys ve Soy Yogurt Raita ile doldurun. Hemen servis yapın.

18. Sokak Mısır Salatası

Markalar: 4 BARDAK (948 ML)

İÇİNDEKİLER:
- 4 kulak mısır, kabuğu çıkarılmış ve temizlenmiş
- 1 orta boy limon suyu
- 1 çay kaşığı kaba deniz tuzu
- 1 çay kaşığı siyah tuz
- 1 çay kaşığı Chaat Masala
- 1 çay kaşığı kırmızı şili tozu veya kırmızı biber

TALİMATLAR:
a) Mısırı hafif kızarana kadar kavurun.

b) Çekirdekleri mısırdan çıkarın.

c) Mısır tanelerini bir kaseye koyun ve diğer tüm malzemeleri karıştırın. Hemen servis yapın.

19. Çıtır Havuç Salatası

Marka: 5 BARDAK (1,19 L)

İÇİNDEKİLER:

- ½ su bardağı (96 gr) ayıklanmış ve kabukları soyulmuş yeşil mercimek
- 5 su bardağı (550 gr) soyulmuş ve rendelenmiş havuç
- 1 orta boy daikon, soyulmuş ve rendelenmiş
- ¼ su bardağı (40 gr) çiğ yer fıstığı, kuru kavrulmuş
- ¼ fincan (4 gr) kıyılmış taze kişniş
- 1 orta boy limon suyu
- 2 çay kaşığı kaba deniz tuzu
- ½ çay kaşığı kırmızı şili tozu veya kırmızı biber
- 1 yemek kaşığı yağ
- 1 tepeleme çay kaşığı siyah hardal tohumu
- 6-7 köri yaprağı, kabaca doğranmış
- 1–2 yeşil Tay, serrano veya kırmızı biber, doğranmış

TALİMATLAR:

a) Mercimekleri kaynamış suda 20-25 dakika al dente kıvamına gelene kadar bekletin. Boşaltmak.

b) Havuçları ve daikonu derin bir kaba alın.

c) Süzülmüş mercimek, yer fıstığı, kişniş, limon suyu, tuz ve kırmızı şili tozu ekleyin.

d) Sığ, ağır bir tavada, yağı orta-yüksek ateşte ısıtın.

e) Hardal tohumlarını ekleyin. Tavayı kapatın (böylece dışarı fırlayıp sizi yakmazlar) ve tohumlar yaklaşık 30 saniye cızırdayana kadar pişirin.

f) Köri yapraklarını ve yeşil biberleri dikkatlice ekleyin.

g) Bu karışımı salatanın üzerine dökün ve iyice karıştırın. Hemen servis yapın veya servis yapmadan önce soğutun.

20. Nar Çayı

Yapar: 3 BARDAK

İÇİNDEKİLER:
● 2 büyük nar, çekirdekleri çıkarılmış (3 su bardağı [522 g])
● ½–1 çay kaşığı siyah tuz

TALİMATLAR:
a) Tohumları siyah tuzla karıştırın.

b) Hemen tadını çıkarın veya bir haftaya kadar buzdolabında saklayın.

21. Masala Meyve Salatası

İÇİNDEKİLER:

- 1 orta boy kavun, soyulmuş ve doğranmış (7 su bardağı [1,09 kg])
- 3 orta boy muz, soyulmuş ve dilimlenmiş
- 1 su bardağı (100 gr) çekirdeksiz üzüm
- 2 orta boy armut, özlü ve doğranmış
- 2 küçük elma, çekirdekleri çıkarılmış ve doğranmış (1 su bardağı [300 g)
- 1 limon veya misket limonu suyu
- ½ çay kaşığı kaba deniz tuzu
- ½ çay kaşığı Chaat Masala
- ½ çay kaşığı siyah tuz
- ½ çay kaşığı kırmızı şili tozu veya kırmızı biber

TALİMATLAR:

a) Büyük bir kapta, tüm malzemeleri yavaşça karıştırın.

b) Kürdanlı küçük kaselerde hemen geleneksel sokak yemeği yöntemiyle servis yapın.

22. portakal salatası

Markalar: 3½ BARDAK (830 ML)

İÇİNDEKİLER:

- 3 orta boy portakal, soyulmuş, çekirdeği çıkarılmış ve doğranmış (3 su bardağı [450 g])
- 1 küçük sarı veya kırmızı soğan, soyulmuş ve kıyılmış
- 10–12 siyah Kalamata zeytin, çekirdekleri çıkarılmış ve kabaca doğranmış
- ¼ fincan (4 gr) doğranmış taze kişniş
- 2 orta boy limonun suyu
- ½ çay kaşığı kaba deniz tuzu
- ½ çay kaşığı siyah tuz
- ½ çay kaşığı garam masala
- ½ çay kaşığı öğütülmüş karabiber
- ¼ çay kaşığı kırmızı şili tozu veya kırmızı biber

TALİMATLAR:

a) Tüm malzemeleri yavaşça karıştırın. Servis yapmadan önce en az 30 dakika buzdolabında bekletin.

23. Izgara tarafı bahçe salatası

Yapar: 6 Porsiyon

İÇİNDEKİLER:

- 2 adet orta boy Domates, çekirdekleri çıkarılmış ve doğranmış
- 1 orta boy Kabak, doğranmış
- 1 su bardağı donmuş bütün çekirdekli mısır, çözülmüş
- 1 küçük olgun avokado, soyulmuş, tohumlanmış ve kabaca doğranmış
- ⅓ su bardağı ince dilimlenmiş üstleri ile yeşil soğan
- ⅓ fincan Pace Picante Sos
- 2 yemek kaşığı Bitkisel yağ
- 2 yemek kaşığı doğranmış taze kişniş veya maydanoz
- 1 yemek kaşığı limon veya misket limonu suyu
- ¾ çay kaşığı Sarımsak tuzu
- ¼ çay kaşığı Öğütülmüş kimyon

TALİMATLAR:

a) Geniş bir tabakta domates, kabak, mısır, avokado ve yeşil soğanı karıştırın.

b) Kalan malzemeleri karıştırın; iyice karıştırın. Sebze karışımının üzerine dökün; yavaşça karıştırın. Ara sıra hafifçe karıştırarak 3-4 saat soğutun.

c) Yavaşça karıştırın ve soğuk veya oda sıcaklığında, ilave Pace Picante Sos ile servis yapın.

24. Izgara kuşkonmaz ve domates

Yapar: 1 Porsiyon

İÇİNDEKİLER:

- 12 ons Kuşkonmaz, kesilmiş
- 6 adet olgun domates, ikiye bölünmüş
- 3 yemek kaşığı zeytinyağı
- Tuz ve biber
- 1 diş sarımsak, kıyılmış
- 1 yemek kaşığı Hardal
- 3 yemek kaşığı balzamik sirke
- ⅓ su bardağı zeytinyağı
- Tuz ve biber

TALİMATLAR:

a) Izgara tavasını orta-yüksek ateşte ısıtın. Büyük bir tabakta kuşkonmazı zeytinyağı, tuz ve karabiberle karıştırın. Tepside kalan zeytinyağı ile domatesleri fırçalayın.

b) Kuşkonmaz ve domatesleri yumuşayana kadar ayrı ayrı ama parçalanmayacak şekilde ızgara yapın.

c) Bir kapta Sarımsak, hardal, balzamik sirke ve zeytinyağını bir çırpma teli veya el mikseri ile karıştırın. Tuz ve karabiberle tatlandırın

d) Salata sosu serpilmiş ızgara sebzeleri servis edin.

25. Chili's ızgara Karayip salatası

Yapar: 2 Porsiyon

İÇİNDEKİLER:

- ¼ bardak Dijon hardalı
- ¼ bardak Bal
- 1½ yemek kaşığı Şeker
- 1 yemek kaşığı Susam yağı
- 1½ yemek kaşığı elma sirkesi
- 1½ çay kaşığı Kireç suyu
- 2 adet domates, doğranmış
- ½ su bardağı İspanyol soğanı, doğranmış
- 2 çay kaşığı Jalapeno biberi
- 2 çay kaşığı Kişniş, ince kıyılmış
- tutam tuz
- 4 yarım tavuk göğsü; kemiksiz ve derisiz
- ½ su bardağı Teriyaki salamura
- 4 bardak Iceberg marul, doğranmış
- 4 su bardağı yeşil yaprak marul, doğranmış
- 1 su bardağı Kırmızı lahana, doğranmış
- 1 kutu Ananas parçalarını meyve suyunda
- 10 Tortilla cipsi

TALİMATLAR:

a) Tüm malzemeleri küçük bir tabakta elektrikli karıştırıcı ile karıştırarak sosu yapın. Örtün ve soğutun.

b) Tüm malzemeleri küçük bir tabakta birleştirerek Pico de Gallo'yu yapın. Örtün ve soğutun.

c) Tavuğu teriyaki içinde en az 2 saat marine edin. Tavuğu poşete koyun ve salamura dökün, ardından buzdolabına karıştırın.

d) Barbeküyü hazırlayın veya set üstü ızgarayı ısıtın. Tavuğu her bir tarafta 4 ila 5 dakika veya bitene kadar ızgara yapın.

e) Marulu ve lahanayı karıştırın ve ardından yeşillikleri 2 büyük Bireysel Porsiyonluk salata tabağına bölün.

f) Pico de gallo'yu bölün ve yeşilliklerin üzerine 2 eşit parçaya dökün.

g) Ananası ikiye bölün ve salataların üzerine serpin.

h) Tortilla cipslerini büyük parçalara ayırın ve her salataya yarısını serpin.

i) Izgara tavuk göğsünü ince şeritler halinde dilimleyin ve şeritlerin yarısını her salataya yayın.

j) Sosu 2 küçük tabağa dökün ve salatalarla servis yapın.

26. Roka ve ızgara sebze salatası

Yapar: 8 Porsiyon

İÇİNDEKİLER:

- 1½ su bardağı zeytinyağı
- ¼ su bardağı limon suyu
- ¼ bardak Balzamik sirke
- ¼ bardak Taze otlar
- 4 çizgi Tabasco sosu
- Tatmak için biber ve tuz
- 2 kırmızı dolmalık biber; ikiye bölünmüş
- 3 Erik domates; ikiye bölünmüş
- 2 orta boy kırmızı soğan
- 1 küçük Patlıcan; Bölünmüş 1/2" kalınlık
- 10 düğme mantarı
- 10 küçük Kırmızı patates; pişmiş
- ⅓ su bardağı zeytinyağı
- Tatmak için biber ve tuz
- 3 demet roka; yıkanmış ve kurutulmuş
- 1 pound Mozzarella; ince Bölünmüş
- 1 su bardağı Siyah zeytin; Çukurlu

TALİMATLAR:

a) Orta boy bir tabakta zeytinyağı, limon suyu, sirke, otlar, Tabasco sosu, tuz ve karabiberi karıştırın; sonra birlikte iyice çırpın. Kenara koyun.

b) Biberleri, domatesleri, soğanı, patlıcanı, mantarları ve patatesleri çok geniş bir tabağa koyun. Zeytinyağı, tuz ve karabiberi ekleyin; sonra sebzeleri yağla kaplamak için iyice karıştırın. Sebzeleri her iki tarafta 4 ila 6 dakika iyice kızarana kadar orta ateşte ızgara yapın. Izgaradan çıkarın ve işlenecek kadar soğuduğunda, ısırık büyüklüğünde parçalar halinde kesin.

c) Geniş, sığ bir tabağa roka yatağı yapın. Izgara sebzeleri rokanın üzerine yerleştirin, üzerine mozzarella ve zeytinleri ekleyin ve yanında sos ile servis yapın.

27. Izgara kuzu ve lima fasulyesi salatası

Yapar: 4 Porsiyon

İÇİNDEKİLER:

- 2 adet kırmızı dolmalık biber
- ¾ su bardağı zeytinyağı
- ¼ bardak Balzamik sirke
- 1 yemek kaşığı Sarımsak; kıyılmış
- ¼ fincan Fesleğen; ince doğranmış
- Tatmak için biber ve tuz
- 1 su bardağı Lima fasulyesi; kabuklu
- 1 pound Kuzu; 1/2" küpler
- 1 demet roka; yıkanmış ve kurutulmuş
- 1 büyük Domates; doğranmış

TALİMATLAR:

a) Biberleri ateşte çevirerek, kabukları iyice koyulaşana ve kabarana kadar eşit şekilde pişirin. Izgaradan çıkarın, kahverengi bir kese kağıdına koyun, torbayı bağlayın ve biberleri torbada 20 dakika soğumaya bırakın. Torbadan çıkarın, cildi soyun ve tohumları ve sapları çıkarın.

b) Biberleri bir mutfak robotuna veya Miksere koyun ve motor hala çalışırken, zeytinyağını sürekli bir akışla ekleyin. Balzamik sirke, sarımsak ve fesleğen ekleyin ve ardından Karıştırın.

c) Tuz ve karabiberle tatlandırdıktan sonra kenara alın.

d) Orta boy bir tencerede 2 bardak tuzlu suyu kaynatın. Lima fasulyelerini ekleyin ve yumuşayana kadar 12 ila 15 dakika kadar pişirin. Süzün, pişirmeyi durdurmak için soğuk suya daldırın, tekrar süzün ve büyük bir tabağa koyun.

e) Bu arada, kuzu etini tuz ve karabiberle tatlandırın, şişlere geçirin ve her iki tarafını 3-4 dakika ateşte ızgara yapın.

f) Ateşten alın ve şişleri kaydırın.

g) Lima fasulyesini içeren tabağa kuzu eti, roka ve domatesi ekleyin. Sosu iyice karıştırın, malzemeleri nemlendirecek kadar ekleyin ve iyice karıştırın ve servis yapın.

28. Avokado ve pirinç salatası

Yapar: 4 Porsiyon

İÇİNDEKİLER:

- 1 su bardağı Wehani pirinci
- 3 olgun erik domates; tohumlanmış ve doğranmış
- ¼ bardak Doğranmış kırmızı soğan
- 1 küçük Jalapeno biberi; tohumlanmış ve doğranmış
- ¼ su bardağı ince doğranmış kişniş
- ¼ su bardağı Sızma zeytinyağı
- 1 yemek kaşığı Kireç suyu
- ⅛ çay kaşığı Kereviz tohumu
- Tuz ve biber; tatmak
- 1 adet olgun avokado
- Karışık bebek yeşillikleri

TALİMATLAR:

a) Wehani pirincini TALİMATLARA göre pişirin: paketin üzerinde

b) Soğutmak için bir fırın tepsisine yayın.

c) Büyük bir tabakta pirinci domates, kırmızı soğan, jalapeno biberi ve kişniş ile karıştırın. Sızma zeytinyağı, limon suyu ve kereviz tohumu ekleyin. Tuz ve karabiber ile tatlandırın

d) Servis yapmak için avokadoyu soyun ve dilimleyin. Karışık bebek yeşillikleri üzerinde segmentleri düzenleyin.

e) Avokadoların üzerine kaşık Wehani pirinç salatası. İsterseniz ızgara sebzelerle süsleyin.

29. Kahverengi pirinç ve ızgara sebze

Yapar: 6 Porsiyon

İÇİNDEKİLER:

- 1½ bardak Kahverengi pirinç
- 4 adet Kabak, uzunlamasına ikiye bölünmüş
- 1 büyük kırmızı soğan, çaprazlamasına 3 kalın parçaya bölün
- ¼ su bardağı zeytinyağı, artı...
- ⅓ su bardağı zeytinyağı
- 5 yemek kaşığı soya sosu
- 3 yemek kaşığı Worcestershire sosu
- 1½ su bardağı Mesquite talaşı 1 saat soğuk suda ıslatılmış
- 2 su bardağı taze mısır taneleri
- ⅔ su bardağı taze portakal suyu
- 1 yemek kaşığı taze limon suyu
- ½ su bardağı doğranmış İtalyan maydanozu

TALİMATLAR:

a) Pirinci büyük bir tencerede tuzlu suda yumuşayana kadar yaklaşık 30 dakika pişirin.

b) İyice süzün. Oda sıcaklığına soğumaya bırakın.

c) ¼ fincan yağ, 2 yemek kaşığı soya sosu ve 2 yemek kaşığı Worcestershire sosu karıştırın; sığ bir tabakta kabak ve soğan dilimlerini üzerine dökün. 30 dakika marine edin, bu süre zarfında sebzeleri bir kez çevirin.

d) Hazır barbekü (orta-yüksek ısı). Kömürler beyazlaştığında, mesquite yongalarını (kullanılıyorsa) süzün ve kömürlerin üzerine dağıtın. Cipsler yanmaya başlayınca soğan ve kabağı ızgaraya koyun, tuz ve karabiberle çeşnilendirin.

e) Örtün ve yumuşayana ve kahverengi olana kadar (yaklaşık 8 dakika) pişirin, ara sıra döndürün ve tuzlu suyla fırçalayın. Sebzeleri ızgaradan çıkarın.

f) Soğan dilimlerini dörde ve kabakları 1 inçlik parçalar halinde kesin. Soğutulmuş pirinç ve mısırla birlikte bir Porsiyon tabağına koyun.

g) Portakal suyu, limon suyu, ⅓ fincan yağ, 3 yemek kaşığı soya sosu ve 1 yemek kaşığı Worcestershire sosu çırpın. 1 su bardağı sosu salatanın üzerine dökün ve karıştırın. Maydanozla karıştırın ve tuz ve karabiberle tatlandırın.

h) Yanında ek sos ile salata servis yapın.

30. Izgara tavuklu elmalı mango salatası

Yapar: 4 Porsiyon

İÇİNDEKİLER:

- 2 yemek kaşığı Pirinç şarabı sirkesi
- 1 yemek kaşığı Taze frenk soğanı; doğranmış
- 1 çay kaşığı Taze zencefil; rendelenmiş
- ½ çay kaşığı Tuz
- ¼ çay kaşığı Taze çekilmiş biber
- 1 yemek kaşığı Ayçiçek yağı
- ½ çay kaşığı Tuz
- ¼ çay kaşığı Taze çekilmiş biber
- ¼ çay kaşığı kimyon
- 1 tutam toz kırmızı biber
- 4 Kemiksiz; derisiz tavuk göğsü yarımları
- sebze pişirme spreyi
- 8 bardak karışık salata yeşillikleri
- 1 büyük Mango; soyulmuş ve Parçalanmış
- 2 Altın Lezzetli elma; soyulmuş, özlü, ince Segmentli
- ¼ su bardağı Ayçekirdeği
- susamlı gözleme; (isteğe bağlı)

TALİMATLAR:

a) Zencefilli Sos Yapın: Küçük bir tabakta sirke, frenk soğanı, zencefil, tuz ve karabiberi karıştırın; yavaş yavaş yağda çırpın. ¼ fincan yapar.

b) Tuz, karabiber, kimyon ve kırmızı biberi bir kapta karıştırın. tavuğun her iki tarafına da serpiştirin. Ağır bir ızgara tavasını veya dökme demir ızgarayı sebze pişirme spreyi ile hafifçe kaplayın

c) Orta-yüksek ateşte 1 ila 2 dakika ısıtın

d) Tavuğu pişene kadar her bir tarafta 5 ila 6 dakika pişirin.

e) Yeşillikleri, mangoyu ve elma dilimlerini 3 yemek kaşığı sosla karıştırın. Salatayı 4 ayrı yemek tabağına yerleştirin.

f) Tavuğu parçalara ayırın ve yeşilliklerin üzerine eşit şekilde bölün; kalan 1 çorba kaşığı sosu tavuğun üzerine serpin. her salatanın üzerine 1 yemek kaşığı ayçekirdeği serpin.

g) Arzuya göre susamlı gözleme ile servis yapın.

31. Izgara tavuk ve nohut salatası

Yapar: 4 Porsiyon

İÇİNDEKİLER:

- 2 yemek kaşığı kıyılmış sarımsak
- 2 yemek kaşığı Taze zencefil; soyulmuş ve rendelenmiş
- 1 çay kaşığı öğütülmüş kimyon
- ½ çay kaşığı Tuz
- ¼ çay kaşığı toz kırmızı biber
- 4 Derisi ve kemikleri çıkarılmış yarım tavuk göğsü
- 2 kutu (15 ons) nohut; durulanır ve süzülür
- ½ su bardağı sade yoğurt
- ½ bardak Ekşi krema
- 1 yemek kaşığı köri tozu
- 1 yemek kaşığı Limon suyu
- ½ çay kaşığı Tuz
- 1 kırmızı dolmalık biber; doğranmış
- ¼ fincan Mor soğan; doğranmış
- 2 Jalapeno biberi; tohumlanmış ve kıyılmış
- 2 yemek kaşığı Taze kişniş; doğranmış
- 2 yemek kaşığı Taze nane; doğranmış
- 3 su bardağı taze ıspanak; yırtık
- 3 su bardağı Kırmızı uçlu marul; yırtık
- 2 yemek kaşığı Limon suyu
- 1 yemek kaşığı Sıcak köri yağı

TALİMATLAR:

a) İlk 5 malzemeyi karıştırın; tavuk göğsünün her tarafına bulayın.

b) 1 saat üzerini örtüp soğutun

c) Nohutları ve sonraki 10 malzemeyi karıştırın, üzerini kapatın ve soğutun. Izgara kapağıyla kapatılmış ızgara tavuk, orta-yüksek ateşte (350° ila 400°), her iki tarafta 5 dakika. ½ inç kalınlığında dilimler halinde kesin. Sıcak tutun. Geniş bir tabakta ıspanak ve marulu karıştırın.

d) Limon suyu ve köri yağını birlikte çırpın; yeşilliklerin üzerine dökün ve hafifçe karıştırın. 4 Porsiyonluk tabaklara eşit şekilde yerleştirin; nohut salatası ve parçalanmış tavuk göğsü ile eşit şekilde doldurun. Yapar: 4 Porsiyon.

VEGAN SIZZLERS

32. Cızırtılı Kapari Soslu Çıtır Tofu

4 porsiyon yapar

- 1 pound ekstra sert tofu, süzülmüş, 1/4 inçlik dilimler halinde kesilmiş ve preslenmiş
- Tuz ve taze çekilmiş karabiber
- 2 yemek kaşığı zeytinyağı, artı gerekirse daha fazlası
- 1 orta arpacık, kıyılmış
- 2 yemek kaşığı kapari
- 3 yemek kaşığı kıyılmış taze maydanoz
- 2 yemek kaşığı bitkisel margarin
- 1 limon suyu

TALİMATLAR:

a) Fırını 275 ° F'ye önceden ısıtın. Tofuyu kurulayın ve tadına bakmak için tuz ve karabiber ekleyin. Mısır nişastasını sığ bir kaseye koyun. Tofuyu mısır nişastasına batırın, her tarafı kaplayın.

b) Büyük bir tavada, 2 yemek kaşığı yağı orta ateşte ısıtın. Tofuyu gerekirse partiler halinde ekleyin ve her iki tarafı da yaklaşık 4 dakika altın rengi kahverengi olana kadar pişirin. Kızarmış tofuyu ısıya dayanıklı bir tabağa aktarın ve fırında sıcak tutun.

c) Aynı tavada kalan 1 çorba kaşığı yağı orta ateşte ısıtın. Arpacık ekleyin ve yaklaşık 3 dakika yumuşayana kadar pişirin.

d) Kapari ve maydanozu ekleyin ve 30 saniye pişirin, ardından margarini, limon suyunu ve tadına bakmak için tuz ve karabiberi ekleyip karıştırarak eritin ve margarini ekleyin.

e) Tofunun üzerine kapari sosu dökün ve hemen servis yapın.

33. <u>mangalda tempeh</u>

Yapar: 4 porsiyon

İÇİNDEKİLER:

- 2 yemek kaşığı soya sosu
- 1 kiloluk tempeh, 2 inçlik çubuklar halinde kesin
- 2 yemek kaşığı zeytinyağı
- 1 orta boy soğan, kıyılmış
- 1 orta boy kırmızı dolmalık biber, kıyılmış
- 2 diş sarımsak, kıyılmış
- 14.5 ons konserve domates
- 2 yemek kaşığı koyu pekmez
- 1 yemek kaşığı şeker
- 1/2 çay kaşığı tuz
- 1/4 çay kaşığı öğütülmüş yenibahar
- 1/4 çay kaşığı öğütülmüş kırmızı biber
- 2 yemek kaşığı elma sirkesi
- 2 çay kaşığı baharatlı kahverengi hardal

TALİMATLAR:

a) Bir tencerede kaynar su ile tempeh'i 30 dakika pişirin.

b) Yağı büyük bir tencerede orta ateşte ısıtın ve soğan, dolmalık biber ve sarımsağı 4 dakika veya yumuşayana kadar pişirin.

c) Domates, pekmez, sirke, soya sosu, hardal, şeker, tuz, yenibahar ve kırmızı biber ile kaynatın.

d) 20 dakika kaynatın.

e) Kalan 1 çorba kaşığı yağı ısıtın ve tempeh'i 10 dakika veya tempeh altın rengi kahverengi olana kadar pişirin.

f) Tempeh'i tamamen kaplayacak kadar sos ekleyin.

g) Tatların karışması için üzerini kapatın ve 15 dakika pişirin. Hemen servis yapın.

34. Demirhindi Sırlı Izgara Tofu

4 porsiyon yapar

İÇİNDEKİLER:
- 2 arpacık soğan, kıyılmış
- tutam tuz
- 2 yemek kaşığı zeytinyağı
- 1 kiloluk ekstra sert tofu
- 2 diş sarımsak, kıyılmış
- 2 olgun domates, iri doğranmış
- 2 yemek kaşığı ketçap
- 1/4 su bardağı su
- 2 yemek kaşığı Dijon hardalı
- 1 yemek kaşığı esmer şeker
- 2 yemek kaşığı demirhindi konsantresi
- 1 yemek kaşığı koyu pekmez
- 1/2 çay kaşığı öğütülmüş kırmızı biber
- 1 yemek kaşığı füme kırmızı biber
- 2 yemek kaşığı agav nektarı
- 1 yemek kaşığı soya sosu
- Bir çimdik karabiber

TALİMATLAR:
a) Tofuyu 1 inçlik dilimler halinde dilimleyin, tuz ve karabiberle tatlandırın ve sığ bir fırın tepsisine yerleştirin.

b) Yağı büyük bir tencerede orta ateşte ısıtın. Arpacık soğanı ve sarımsakla 2 dakika soteleyin.

c) Kalan malzemeleri (tofu hariç) karıştırın ve ardından 15 dakika kısık ateşte pişirin. Ateşten alın ve tamamen pürüzsüz olana kadar püre haline getirin.

d) Tencereye geri dönün ve 15 dakika daha pişirin.

e) Izgarayı veya fırın ızgarasını önceden ısıtın.

f) Marine edilmiş tofuyu bir kez çevirerek ızgara yapın.

g) Tofuyu ızgaradan çıkarın ve servis yapmadan önce her iki tarafını demirhindi sosuyla kaplayın.

35. Portakal Suyu Şişte Marine edilmiş tofu

Yapar: 4 Porsiyon

İÇİNDEKİLER
- 1 kiloluk sert tofu, ikiye bölünmüş ve süzülmüş
- 16 şitaki mantarı
- 1 büyük Daikon turp
- 1 adet Çin lahanası

SALAMURA
- ½ su bardağı Soya sosu
- ½ bardak Portakal suyu
- 2 yemek kaşığı Pirinç sirkesi
- 2 yemek kaşığı Fıstık yağı
- 1 yemek kaşığı koyu susam yağı
- 2 yemek kaşığı taze zencefil, kıyılmış
- ¼ çay kaşığı Acı biber, kıyılmış

İÇİNDEKİLER:
a) Tüm tuzlu su malzemelerini birlikte çırpın.

b) Mantarları, Daikon'u ve bok choy saplarını marine edin.

c) Her yaprağın kenarlarını ortaya doğru katlayın ve yukarıdan yukarı doğru sarın.

d) Sırayla yaprak, mantar, tofu, daikon ve bok choy sapını tahta şişlere geçirin.

e) Şişleri 12 ila 15 dakika boyunca kapalı bir ızgarada ızgara yapın ve eşit şekilde pişmesini sağlamak için yarıya kadar döndürün.

36. Cafe ızgara tofu

Yapar: 4 Porsiyon

İÇİNDEKİLER

- 1 kiloluk tofu
- ¼ bardak Tamari
- 1 çay kaşığı Zencefil, taze; kıyılmış
- çizgi Biber, kırmızı biber
- ¼ fincan mirin

TALİMATLAR:

a) Mirin, tamari, zencefil ve acı biberi birleştirin.

b) Tofuyu karışımda en az bir saat veya gece boyunca marine edin.

c) Hafifçe kızarana kadar sıcak kömürlerin üzerinde tofu ızgara yapın.

37. Izgara soya tofu

Yapar: 4 Porsiyon

İÇİNDEKİLER

- 1 pound sert tofu, dilimler halinde dilimlenmiş
- 2 yemek kaşığı soya sosu
- 1 yemek kaşığı Paketlenmiş kahverengi şeker
- 1 yemek kaşığı Ketçap
- 1 yemek kaşığı yaban turpu
- 1 yemek kaşığı Elma sirkesi
- 1 diş sarımsak, kıyılmış

TALİMATLAR:

a) Bir karıştırma kabında soya sosu, esmer şeker, ketçap, yaban turpu, sirke ve sarımsağı birleştirin; tofunun üzerine dökün ve eşit şekilde kaplamak için çevirin.

b) Bir veya iki kez çevirerek en az 1 saat veya 24 saate kadar soğutun.

c) Yeniden Porsiyonlar marine edilir ve tofu yağlanmış ızgaraya konur.

d) Her bir tarafını 3 dakika veya orta derecede yüksek ateşte kızarana kadar ızgara yapın, marine ile yağlayın.

38. Nerimiso soslu ızgara tofu

Yapar: 12 Porsiyon

İÇİNDEKİLER

- 3 yemek kaşığı Dashi
- ½ fincan Beyaz miso
- 1 yemek kaşığı Şeker
- 1 yemek kaşığı mirin
- 1 yumurta sarısı
- 3 Kek tofu
- 12 dal kinom
- 3 yemek kaşığı susam, kızarmış

TALİMATLAR:

a) Dashi, miso, şeker ve mirin'i 20 dakika kısık ateşte kaynatın.

b) Yumurta sarısını eklemeden önce biraz soğumaya bırakın. Pürüzsüz macun oluşana kadar kuvvetlice karıştırın.

c) Susam tanelerini öğütün ve nerimiso karışımının yarısı ile karıştırın, diğer sosu sade bırakın.

d) Her tofu kekini dört dikdörtgene kesin. Tofu parçalarının bir tarafına nerimiso sürün, yarısına sade sos, diğer yarısına da susamlı sos sürün.

e) Kömür üzerinde her iki tarafı da kahverengi ve gevrek olana kadar ızgara yapın.

39. Saptırılmış tofu ve sebzeler

Yapar: 1 porsiyon

İÇİNDEKİLER
- 4 yeşil soğan
- 1 Blok Sert Tofu, 3/4" kesilmiş

SAMURA KARIŞIMI
- 2 çay kaşığı Sarımsak
- 2 yemek kaşığı taze zencefil
- 3 Yemek Kaşığı Zeytinyağı veya Kanola Yağı
- ½ su bardağı Soya Sosu
- 2 Yemek Kaşığı Esmer Şeker
- 2 çay kaşığı Kızarmış Susam Yağı
- ¼ çay kaşığı Kırmızı Şili Gevreği
- ⅓ lb. Crimini veya Shiitake Mantarları
- 1 Kırmızı Biber
- 1 Adet Kırmızı veya Sarı Soğan

TALİMATLAR:
a) Salamura yapmak için taze soğan, sarımsak ve zencefili bir mutfak robotunda veya karıştırıcıda ince kıyılmış olana kadar çekin.

b) Soya sosu ve şekeri karıştırarak yeşil soğan karışımını biraz yağda bir veya iki dakika karıştırarak kızartın.

c) Ateşten alın ve susam yağı ve kırmızı şili gevreği eklemeden önce biraz soğumaya bırakın.

d) Isıyı azaltın ve en az 1 saat ve 4 saate kadar marine ederek tofu küplerinin üzerine dökün.

e) Şişte marine edilmiş tofu, mantar, biber ve soğan.

f) Sebzeleri kalan tuzlu su ile fırçalayın ve gevrek ve yumuşayana kadar ızgara yapın.

40. Hint baharatlı tofu şişleri

Yapar: 1 porsiyon

İÇİNDEKİLER
- 3 paket Tofu, kareler halinde doğranmış
- 2 limonun suyu
- Tuz ve biber
- 1 adet kırmızı soğan
- 2 yemek kaşığı doğranmış kişniş
- 1 küçük Salatalık; soyulmuş
- 4 Pide ekmeği, hafif ızgara
- 1 Kase doğal yoğurt
- Kızartmak için yer fıstığı yağı
- 1 yemek kaşığı kimyon tohumu
- 1 yemek kaşığı kırmızı biber
- 2 kırmızı biber
- 1 küçük parça zencefil
- 3 yemek kaşığı yoğurt
- 2 yemek kaşığı Zerdeçal
- 1 yemek kaşığı garam masala
- 1 yemek kaşığı kişniş tohumu

TALİMATLAR:
a) Tüm baharatları bir kahve değirmeni içinde öğütün ve ardından yoğurt, tuz ve limon suyunu ilave edin.

b) Tofuyu baharat karışımında marine edin ve ardından bambu şişleri kullanarak şişleyin.

c) Kırmızı soğanı ve salatalığı ince ince doğrayın ve kişnişle birleştirin. Tatmak için tuz ve karabiber ekleyin

d) Az miktarda yer fıstığı yağında tofu şişlerinin her tarafını kızartın.

e) Izgara pide, yoğurt ve kırmızı soğan karışımı ile servis yapın.

41. Izgarada tofu dolması biber

Yapar: 4 Porsiyon

BİLEŞEN

- 4 adet büyük yeşil biber
- 1 büyük Soğan; doğranmış
- 3 diş sarımsak; kıyılmış
- 12 ons Tofu; ufalanmış
- 2 çay kaşığı Zeytinyağı; belki üç katına
- 8 ons Parçalanmış mantar
- 4 Roma domatesi
- 1 çay kaşığı kıyılmış taze mercanköşk
- ½ çay kaşığı Tuz; veya daha fazlasını tatmak
- 1 yemek kaşığı soya sosu
- 14 ons Haşlanmış domates
- 1 su bardağı pişmiş kahverengi pirinç
- ½ su bardağı Su
- Taze çekilmiş karabiber
- Süslemek için parmesan peyniri veya ekşi krema
- 1 çay kaşığı taze kekik

TALİMATLAR:

a) Izgarayı orta-yüksek dereceye kadar ısıtın.

b) Biberleri 5 dakika, her 2 dakikada bir çevirerek hafifçe kömürleşene ancak fazla yumuşayana kadar ızgara yapın.

c) Soğanı, sarımsağı ve tofuyu zeytinyağında büyük bir ızgarada 4-5 dakika ızgarada kavurun.

d) Bir tavada mantar, domates, mercanköşk, tuz ve kekiği birleştirin.

e) Bir karıştırma kabına soya sosu, domates ve pirinci ekleyin.

f) Doldurma için ek yer açmak için bir kaşıkla hafifçe bastırarak bu karışımı her biberin içine dökün.

g) Kalan Roma domatesinin dörtte birini her bir biberin üstüne doldurun.

h) Kalan domates karışımı ile bir fırın tepsisine biberleri kapatın.

i) Alüminyum folyo ile kaplayın ve su ve karabiber ekleyin.

j) Izgarayı önceden ısıtın ve biberleri 20 ila 25 dakika veya yumuşayana kadar pişirin.

k) Kalan sosu biberlerin üzerine gezdirip servis yapın.

42. Acı ve Ekşi Soslu Sizzler

Yapar: 2

İÇİNDEKİLER
SIZZLER SOSU İÇİN

- ⅓ su bardağı pirinç sirkesi
- 1½ yemek kaşığı mirin
- ¼ fincan hafif soya sosu
- 1½ yemek kaşığı mısır nişastası
- 2 yemek kaşığı su
- 2 yemek kaşığı Sriracha veya sambal oelek
- 1½ çay kaşığı esmer şeker
- 1½ yemek kaşığı ince kıyılmış zencefil
- 4 diş sarımsak, kıyılmış
- 1½ yemek kaşığı ince kıyılmış yeşil soğan
- 2 çay kaşığı kıyılmış Kaşmir biber gevreği
- Bir tutam Sichuan biberi

TATLI PATATES KIZARTMASI

- 2-3 orta boy tatlı patates
- 1 – 2 yemek kaşığı zeytinyağı veya avokado yağı
- 1 – 2 yemek kaşığı mısır unu (isteğe göre)
- ½ çay kaşığı ince deniz tuzu
- iyi karabiber

SIZZLER İÇİN

- 1 su bardağı siyah veya esmer pirinç
- 1 – 2 yemek kaşığı susam yağı
- 2 su bardağı tercihe göre doğranmış sebzeler
- Silken-Firm veya ekstra-sert tofu
- lahana yaprakları (sizzler tabağını hizalamak için)
- tereyağı (çıtır çıtır tepsiyi yağlamak için)

TALİMATLAR
SİZZLER SOSUNU HAZIRLAYIN
a) Pirinç sirkesi, soya sosu, mirin ve Sriracha'yı (veya sambal oelek) birlikte çırpın. Mısır unu, su ve şekeri ekleyin ve tamamen eriyene kadar kuvvetlice çırpın.

b) Büyük bir tavada bir yemek kaşığı yağı ısıtın. Doğranmış soğanları şeffaflaşana kadar soteleyin. Sarımsak, zencefil, karabiber ve doğranmış biberleri ekleyin ve kokusu çıkana kadar soteleyin.

c) Acı ve Ekşi Sos Tarifi

d) Sirke bazlı karışımı ekleyin ve karıştırarak sos koyulaşana kadar pişirin.

e) Tadına bakın ve tercihinize göre ayarlayın (daha tatlı isterseniz daha fazla şeker ekleyebilirsiniz; daha baharatlı isterseniz biraz daha Sriracha/sambal oelek ekleyebilirsiniz. sosu biraz dökerek kıvam alana kadar ocaktan alın.

TATLI PATATES KIZARTMASI
f) Fırını 180C'ye önceden ısıtın. Büyük bir fırın tepsisini parşömen kağıdı ile kaplayın, patateslerin tavaya yapışmamasını sağlamak için iyice yağlayın.

g) Tatlı patatesleri temizleyip soyun, patates şeklinde kesin (yaklaşık ¼" genişliğinde ve ¼" kalınlığında). Aynı boyutta olduklarından emin olun (böylece eşit şekilde pişerler).

h) Patatesleri bir karıştırma kabına ekleyin. Avokado veya zeytinyağı, mısır unu, deniz tuzu ve bir tutam karabiberle gezdirin ve patatesler hafifçe ve eşit şekilde kaplanana kadar karıştırın.

i) Kızartmaları tek bir tabaka halinde düzenleyin (fırın tepsisine fazla doldurmayın) ve 20 – 30 dakika kadar pişirin, tepsiyi yarıya kadar çıkarın ve fırına geri koymadan önce eşit şekilde pişirmeyi bitirmek için döndürün. başından sonuna kadar. Patatesler çıtır çıtır olduğunda ve altın rengi bir mükemmellikte piştikten sonra çıkarın. Kenara koyun.

j) DİĞER HERŞEYİ HAZIRLAYIN
k) Siyah veya kahverengi pirinci paketin üzerindeki talimatlara göre pişirin.

l) Yapışmaz bir tavada bir yemek kaşığı susam yağını ısıtın ve sebzeleri yavaşça ekleyin. Pişene kadar ama sıkı bir ısırıkla soteleyin, ardından damak tadınıza göre tuz ve karabiber ekleyin.

m)   Tofu ekliyorsanız: kalan yemek kaşığı susam yağını başka bir tavada ısıtın. Tofuyu biraz mısır unu ile kaplayın ve her iki tarafı da sert ve altın rengi olana kadar tavada kızartın.

HEPSİNİ BİR ARADA TOPLAYIN

n) Cızırtılı tavanızı tereyağı ile yağlayın ve kısık ateşte ısıtmadan önce lahana yapraklarını sıralayın. O ısınırken pirinci, sebzeleri, pişmiş tatlı patates kızartmasını ve tofuyu düzenleyin.

o) Sizzler sosunu ısıtın.

p) Sizzler tavası iyice ısındığında, sizzler sosunu üzerine dökün. Gazı kapatın ve fazladan bir cızırtı için tavanın kenarlarına biraz daha eritilmiş tereyağı ekleyin.

q) Tavayı çok dikkatli bir şekilde kaldırın, ahşap tepsiye yerleştirin ve hemen servis yapın.

r) en iyi sizzler tarifi

KANATLI SIZZLER

43. Soya balı ile cıvıl cıvıl tavuk

Yapar: 4 porsiyon

İÇİNDEKİLER:
- 200 gram Çin erişhesi
- ½ su bardağı Yağ; (120ml)
- ¼ fincan Rendelenmiş taze soğan; (50 gram)
- ¼ fincan Kıyılmış lahana; (50 gram)
- ¼ fincan Rendelenmiş kırmızı biber; (50 gram)
- ¼ su bardağı rendelenmiş havuç; (50 gram)
- 1½ su bardağı Kemiksiz tavuk; haşlanmış ve parçalanmış
- 10 mililitre soya sosu
- 25 mililitre Bal
- tatmak için tuz
- 4 adet yeşil biber; ince kıyılmış
- 200 gram Erişte; kızarmış

TALİMATLAR:

a) Yuvayı hazırlamak için: Erişteleri KAYNAŞTIRIN ve suyunu süzün. Gözenekli delikli iki bardak (kase) alın.

b) Erişteleri iki fincan arasına eşit şekilde koyun. Sıkıp kızgın yağa batırın. Erişteler altın rengine dönene kadar kızartın.

c) Yağdan çıkarın ve erişteleri fincandan hafifçe vurun. Bardak şeklindeki yuvaları bir kenara bırakın.

d) Yağı bir tavada veya wok'ta ısıtın. Taze soğan, lahana, kırmızı biber ve havucu ekleyin. İyice soteleyin. Parçalanmış tavuğu ekleyin ve bitene kadar soteleyin. Soya sosu, bal, tuz ve doğranmış yeşil biberle tatlandırın.

e) Kızarmış erişteleri yuvaya koyun ve sotelenmiş tavuk ve tavada kızartılmış bebek mısır ve taze soğanla birlikte sıcak bir cızırtı üzerine koyun. Sıcak servis yapın.

44. Otlu Tavuk Cızırtı

İÇİNDEKİLER:
TAVUK MARİNASI:

- 500 Gram Kemiksiz Tavuk, Küp
- 1 yemek kaşığı Sarımsak Ezmesi
- 1 yemek kaşığı Zencefil Ezmesi
- 1/4 Fincan Yunan sade yoğurt

TATMAK İÇİN BİBER TOZU

- 2 yemek kaşığı Kaşmir kırmızı biber tozu
- 1 yemek kaşığı kişniş tozu
- 1 yemek kaşığı kimyon tozu
- tatmak için tuz
- 1/4 su bardağı kıyılmış taze maydanoz
- 1/4 su bardağı kıyılmış taze fesleğen

HİZMET İÇİN:

- Haşlanmış sebzeleri karıştırın Biraz limon veya misket limonu suyu

DİĞERLERİ:

- cızırtılı tabak
- Şiş
- Fırçalamak için yağ

TALİMATLAR:

a) Tavuk küplerini delin ve tüm malzemelerle marine edin. Yaklaşık 7 saat veya bir gece buzdolabında bekletin.

b) Tavuğu marinattan çıkarın ve bir damlama tepsisinin üzerine yerleştirdiğiniz şişlere geçirin.

c) Yağ ile fırçalayın. Önceden ısıtılmış fırında yaklaşık 210°C'de 20-25 dakika, tamamen pişene ve kenarları kızarana kadar veya bir barbekü çukurunda veya ızgarada pişirin. Neredeyse bittiğinde biraz yağ ile tekrar fırçalayın.

d) Daha sonra tüm tavuk parçalarını şişten çıkarıp bir tabağa koyun ve bir kenarda bekletin.

e) Tavuğu cızırtılı tepsiye koymadan önce demir tepsiyi çok sıcak ısıtın. Tüm karışık sebzeleri ve tavuğu masaya koyun ve servis yapmadan hemen önce üzerine biraz su ve yağ dökün, cızırtı ve dumanları alacaksınız.

f) İstenirse daha fazla taze otlarla süsleyin ve sıcak servis yapın.

45. tavuk cızırtılı

İÇİNDEKİLER:
- 1 su bardağı kemiksiz tavuk küpleri

MARİNA
- 1 yemek kaşığı soya sosu
- 1 yemek kaşığı sirke
- 1 yemek kaşığı tavuk tozu
- 1 çay kaşığı zencefil+sarımsak tozu (macun)
- 1/2 çay kaşığı kırmızı biber
- 1/2 çay kaşığı kabartma tozu

SOS
- 3 yemek kaşığı ketçap
- 1 yemek kaşığı acı biber sosu
- 1 yemek kaşığı Worcestershire sosu
- 1 yemek kaşığı bal
- 1 yemek kaşığı mısır unu
- 2 yemek kaşığı su
- 1/2 çay kaşığı tuz

SEBZELER
- 1 soğan
- 1/2 dolmalık biber yeşil sarı kırmızı
- brokoli çiçekleri
- 2 yemek kaşığı yağ

TALİMATLAR:

a) Tavukları marine malzemeleri ile bir süre marine edin. Birkaç saat iyi olurdu

b) Soğan dolmalık biber brokoli gibi buzdolabından aldığım sebzeleri kullanıyorum. İstediğiniz herhangi bir sebzeyi kullanabilirsiniz

c) 2 yemek kaşığı sıvı yağı tavaya alın ve tavukları yumuşayana kadar kızartın. Mısır unu hariç sos malzemelerini ekleyin. Sosun iyice karışmasını sağlayın. Mısır ununu suyla karıştırıp tencereye ekleyin. Biraz kalın kıvama gelene kadar karıştırın

d) Sebze küplerini ekleyin ve gevrekliği korumak ve ıslaklığı önlemek için 2_3 dakika kızartın. Bir cızırtılı plakayı sıcak yapın. Küp tereyağı ekleyin. Eriyip cızırdadıktan sonra tavukları ekleyin. Kızarmış pilav ile cızırtılı olarak servis yapın.

46. Cızırtılı tavuk ve peynir

Yapar: 2

İÇİNDEKİLER:
- 2 (4 ons) tavuk göğsü
- 2 yemek kaşığı kıyılmış sarımsak
- 2 yemek kaşığı kıyılmış maydanoz
- 1 çay kaşığı öğütülmüş kırmızı biber
- ¼ çay kaşığı karabiber
- ¼ çay kaşığı tuz
- 4 bölünmüş yemek kaşığı zeytinyağı
- 1 adet jülyen doğranmış yeşil biber
- 1 adet jülyen doğranmış kırmızı biber
- 1 adet jülyen doğranmış sarı soğan
- 4 su bardağı pişmiş patates püresi
- ½ su bardağı rendelenmiş Chihuahua beyaz peynir
- 2 dilim amerikan peyniri

TALİMATLAR:
a) Tavuk göğüslerini eşit kalınlıkta dövün.

b) Fermuarlı bir torbada sarımsak, maydanoz, kırmızı biber, biber, tuz ve 2 yemek kaşığı zeytinyağını karıştırın.

c) Tavuk göğüslerini bu sosun içine koyun ve 2-4 saat buzdolabında bekletin.

d) Orta ateşte bir dökme demir tavada, kalan zeytinyağını ısıtın ve tavuğu soteleyin.

e) Altın kahverengi bir renge ulaşana kadar her iki tarafta 5 dakika göğüsler. Tavadan çıkarın.

f) Biberleri ve soğanı al dente olana kadar 2-3 dakika soteleyin. Tavadan çıkarın.

g) Brülörde çok sıcak olana kadar bir dökme demir tavayı ısıtın. Patates püresini tavaya alın,

h) sonra peynirleri, biberleri ve soğanları ekleyin.

i) Tavuğu patateslerin üzerine koyun. Isınana kadar pişirin. Sıcak tavadan servis yapın.

47. tavuk tandır barbekü

Yapar: 6 Porsiyon

İÇİNDEKİLER:
- 16 ons Sade yoğurt
- ¼ su bardağı limon suyu
- 2 diş Sarımsak, ince
- Doğranmış veya preslenmiş
- 2 çay kaşığı tuz
- ¼ çay kaşığı Zerdeçal
- ½ çay kaşığı kişniş
- 1 çay kaşığı öğütülmüş kimyon
- 1½ çay kaşığı Öğütülmüş zencefil
- ⅛ çay kaşığı acı biber
- 3 Bütün tavuk göğsü
- 1 büyük Soğan, ince doğranmış
- 1 büyük yeşil biber

TALİMATLAR:
a) Hazır sıcak kömürler veya ızgarayı 10 dakika ısıtın.

b) Büyük bir tabakta Yoğurt, Kişniş, Kireç, meyve suyu, kimyon, Sarımsak, Zencefil, Tuz, kırmızı biber ve Zerdeçalı karıştırın.

c) Karıştırmak için karıştırın. Tavuk parçalarını ekleyin ve kaplamak için karıştırın. Karışımı ve tavuğu biber ve soğanla kaplayın. Kapak. gece boyunca sakin ol

d) Çevirin ve bitene kadar yaklaşık 15 ila 20 dakika pişirin. Pişirme boyunca salamura ile yağlayın. WALT

48. Izgara biberli tavuk

Yapar: 2 Veya 3

İÇİNDEKİLER:
- 1 su bardağı sade yoğurt
- 1 yemek kaşığı Limon Suyu
- ½ su bardağı Soğan; iri doğranmış
- 1 çay kaşığı kimyon tohumu
- 1 çay kaşığı karabiber
- 1 çay kaşığı Szechuan Biberi
- 2 Taze Kırmızı Biber
- 2 yemek kaşığı Hardal Yağı
- tatmak için tuz
- 1½ pound Tavuk Göğsü
- 2 yemek kaşığı Hardal Yağı
- 3 adet kuru bütün kırmızı biber
- ½ çay kaşığı Zerdeçal
- 1 su bardağı Soğan; ince doğranmış
- 1 çay kaşığı Sarımsak; kıyılmış
- 1 çay kaşığı Taze Zencefil; İnce rendelenmiş
- 2 Kırmızı Biber; kıyılmış
- 1 çay kaşığı Kimyon Tozu
- 1 çay kaşığı Kişniş Tozu
- 1 çay kaşığı Taze Öğütülmüş Karabiber
- tatmak için tuz
- 1 su bardağı Domates; doğranmış
- 1 su bardağı tavuk suyu
- ½ su bardağı Yeşil Soğan; 1 inç uzunluğunda kesilmiş

TALİMATLAR:

a) Bir Mikserde yoğurt, limon suyu, soğan, kimyon tohumu, karabiber, kırmızı biber, hardal yağı ve tuzu karıştırın. Pürüzsüz bir macun oluşturmak için karıştırın.

b) Marine hamurunu büyük bir tabakta tavuğun üzerine dökün. İyice karıştırın, örtün ve en az dört saat bekletin.

c) Marine edilmiş tavuğu kömür ızgarasında ara sıra çevirerek tamamen pişene kadar yaklaşık 7 dakika ızgara yapın. Izgara tavuğu 1 inçlik şeritler halinde kesin.

d) Orta ateşte bir sos tavasında 2 yemek kaşığı hardal yağını ısıtın. Bütün kırmızı biberleri koyulaşana kadar kızartın. Zerdeçal ekleyin ve 15 saniye karıştırın. Soğanları ekleyin ve orta ateşte kızarana kadar kavurun. Soğan karışımına sarımsak, zencefil, kırmızı biber, kimyon, kişniş, karabiber ve tuzu ekleyin.

e) 30 saniye kavurun ve ardından domatesleri ve tavuk suyunu ekleyin.

f) Kaynatmak için ısıyı azaltın ve domates-soğan karışımının kalınlaşana kadar yaklaşık 10 dakika pişmesine izin verin. Izgara tavuk şeritlerini sosa aktarın; iyice karıştırın. Fazla sıvının buharlaşması için 10 dakika daha pişirin, böylece tavuk parçaları sosla kaplanır. Baharatı tuz ve karabiberle ayarlayın. Yeşil soğan ile süsleyin. Pilav veya roti ile servis yapın.

49. Barbekü tavuk ve Andouille hash

Yapar: 4 Porsiyon

İÇİNDEKİLER:
- 6 ons Tavuk göğsü
- ¼ bardak barbekü sosu
- Tuz ve biber
- 2 yemek kaşığı zeytinyağı
- 2 su bardağı doğranmış pişmiş patates, inç zar
- ¼ fincan Küçük doğranmış soğan
- 2 yemek kaşığı kıyılmış arpacık
- 1 su bardağı doğranmış Andouille sosisi
- 1 yemek kaşığı kıyılmış sarımsak
- Haşlanmış yumurta:
- 4 yumurta
- 3 yemek kaşığı Parçalanmış yeşil soğan

TALİMATLAR:

a) Izgarayı veya ızgarayı ısıtın. Tavuğu tuz ve karabiberle tatlandırın.

b) Tavuğun üzerine barbekü sosu sürün ve göğsü tamamen kaplayın.

c) Tavuğu sıcak ızgaraya veya ızgaraya koyun ve her iki tarafını 5-6 dakika pişirin. Bir kenara koyun ve soğutun.

d) Hash için: Bir Kızartma tavasında yağı ısıtın. Tavayı ara sıra sallayarak patatesleri ve Sear'ı 2 dakika boyunca ekleyin. Soğan, arpacık ve andouille ekleyin ve 1 dakika karıştırarak kızartın. Barbekü tavuğu küçük doğrayın ve andouille karışımına ekleyin ve 1 dakika kızartın. Sarımsağı ekleyin ve tuz ve karabiber ekleyin ve ara sıra 4 dakika karıştırın.

e) Haşlanmış yumurta için: 3 su bardağı suyu ½ çay kaşığı beyaz sirke ve ½ çay kaşığı tuz ile küçük bir tencerede yüksek ateşte kaynatın.

f) Yumurtayı bir bardağa kırın ve yumurtayı yavaşça suya kaydırın. Bardağa bir yumurta daha kırın ve su kaynayınca bu yumurtayı da suya atın.

g) Su tekrar kaynamaya başlayınca ocağın altını kısın ve yumurtalar katılaşana kadar yaklaşık 2-2½ dakika pişirin. Kağıt havluların üzerine boşaltın.

h) Deniz Ürünleri Tereyağı: ½ su bardağı eritilmiş tereyağı, 3 yemek kaşığı limon suyu, 2 yemek kaşığı kıyılmış maydanoz ve ½ yemek kaşığı rendelenmiş limon kabuğunu karıştırın.

50. Balzamik soslu tavuk

Yapar: 4 Porsiyon

İÇİNDEKİLER:

- 1 (3 1/2 ila 4 pound) tavuk
- 2 diş sarımsak, ince kıyılmış
- 4 yemek kaşığı doğranmış biberiye yaprağı
- 2 yemek kaşığı taze çekilmiş karabiber
- 1 çay kaşığı Deniz tuzu
- 3 yemek kaşığı sızma zeytinyağı
- 2 ons prosciutto kabuğu
- 2 ons Parmesan kabuğu
- 2 orta Kırmızı soğan, Parçalara ayrılmış
- 1 inçlik diskler
- 1 Bardak Lombroso
- 4 yemek kaşığı balzamik sirke
- 6 büyük Radicchio di Treviso
- 2 yemek kaşığı Natürel sızma zeytinyağı

TALİMATLAR:

a) Izgarayı 375 dereceye ısıtın.

b) Tavuğu durulayın ve kurulayın. Sakatatları çıkarın ve bir kenara koyun.

c) Sarımsak, biberiye, biber ve deniz tuzunu birlikte doğrayın ve sızma zeytinyağı ile karıştırın. Biberiye karışımıyla tavuğun dışını her yerine sürün. Prosciutto ve Parmesan kabuklarını boşluğun içine yerleştirin ve gece boyunca buzdolabında bekletin.

d) Ağır tabanlı küçük bir kızartma tavasının dibine soğan disklerini ve sakatatları yerleştirin. Tavuğu göğüs kısmı yukarı gelecek şekilde soğanların üzerine yerleştirin. Soğanların üzerine bir bardak Lombroso dökün ve 4 yemek kaşığı balzamik sirke ile tavuğun her tarafını ovun.

e) Izgaraya koyun ve 1 saat 10 dakika pişirin.

f) Radicchio'yu uzunlamasına ikiye bölün ve ızgaraya yerleştirin ve her bir tarafını 3-4 dakika pişirin. Izgaradan çıkarın ve sızma zeytinyağı ile fırçalayın ve bir kenara koyun. Kuşu ızgaradan çıkarın ve 5 dakika dinlenmeye bırakın. Tavuğu oymalı bir tabağa alın. Soğanları ve sakatatları suyuyla birlikte bir tabağa koyun. Tavuğu dilimleyin, üzerine kalan sirkeyi gezdirin ve hemen servis yapın.

51. Izgara tavuk ve sebzeler

Yapar: 1 Porsiyon

İÇİNDEKİLER:

- 2 tavuk göğsü
- 4 Sarı kabak
- 1 kırmızı dolmalık biber
- 1 yeşil dolmalık biber
- ½ su bardağı bütün siyah zeytin
- ½ su bardağı zeytinyağı
- 2 çay kaşığı kuru kekik
- ½ su bardağı kuru vermut
- 4 diş sarımsak
- 1 Limon; suyu
- tuz ve karabiber

TALİMATLAR:

a) Izgarayı veya ızgarayı ısıtın.

b) Bir karıştırma kabında zeytinyağı, kekik, vermut, sarımsak ve limon suyunu karıştırın. Yemeğe tavuk göğsü, sarı kabak, kırmızı ve yeşil biber ve siyah zeytin ekleyin. MALZEMELERİ karıştırın: birlikte.

c) Karışımı tabaktan metal bir fırın tepsisine dökün. Tuz ve karabiber ile tatlandırın

d) Pişirmek için sıcak ızgaranın üstüne veya ızgaranın altına yerleştirin. MALZEMELERİ karıştırın: sık sık. Tavuk bitene ve sebzeler yumuşayana kadar pişirin.

52. Havana soslu ızgara tavuk

Yapar: 8 Porsiyon

İÇİNDEKİLER:

- 28 ons Erik domates; süzülmüş ve
- ⅓ su bardağı zeytinyağı
- ¼ bardak Beyaz şarap
- 1 yemek kaşığı Beyaz sirke
- 3 adet yeşil soğan; doğranmış
- 4 su bardağı Sarımsak; kıyılmış
- ½ çay kaşığı Tuz
- ½ çay kaşığı Biber
- 2 çay kaşığı Kişniş; kıyılmış
- 8 Tavuk; göğüsler, cilt yeniden
- toz biber

TALİMATLAR:

a) Sos için tüm malzemeleri karıştırın. İyice karıştırın, örtün ve bir gece buzdolabında bekletin. Dışarıda bir ızgarayı ısıtın ve sosun oda sıcaklığına gelmesine izin verin.

b) tavuğu istediğiniz gibi limon suyu ve tuz ve karabiber serpin.

c) Izgaraya yerleştirin ve her tarafı yaklaşık 6 dakika veya kahverengi olana kadar pişirin.

d) Izgara boyunca tavuğun üzerine sosu gezdirin.

53. Mantar Soslu Izgara Tavuk Cızırtı

İÇİNDEKİLER:

MANTAR SOSU İÇİN

- 1 su bardağı düğme mantarı
- 2-3 diş doğranmış sarımsak
- 1 orta boy doğranmış soğan
- 1 su bardağı krema
- 1 su bardağı süt
- 1 yemek kaşığı zeytinyağı
- 1 yemek kaşığı tereyağı
- gerektiği gibi Taze otlar
- İsteğe göre maydanoz yaprakları kıyılmış
- gerektiği kadar Karabiber tozu
- damak zevkine göre Tuz

IZGARA TAVUK İÇİN

- 200 gram kemiksiz göğüs
- 1 çay kaşığı zencefil-sarımsak ezmesi
- İsteğe göre toz karabiber
- damak zevkine göre Tuz
- 1 yemek kaşığı zeytin

SOTE SEBZELER İÇİN

- 1 orta boy doğranmış havuç
- 5-6 Fransız fasulyesi
- 1 küçük doğranmış yeşil biber
- 1 küçük doğranmış kırmızı biber
- 1 küçük doğranmış sarı biber
- gerektiği kadar Birkaç brokoli çiçeği
- 1 inç doğranmış zencefil
- 2-3 diş doğranmış sarımsak
- 1 yemek kaşığı zeytinyağı
- Damak zevkine göre toz karabiber
- damak zevkine göre Tuz
- 1 limon suyu

Spagetti İÇİN

- 100 gram spagetti
- 1 yemek kaşığı zeytinyağı

- gerektiği kadar Karabiber tozu
- Damak zevkine göre Tuz

MONTAJ İÇİN

- Gerektiği kadar kıyılmış lahana
- damak zevkine göre Izgara tavuk
- damak zevkine göre mantar sosu
- gerektiği gibi Spagetti
- İstenildiği kadar Sote sebzeler

TALİMATLAR:

a) Mantar sosu için - mantarları kesin. Bir wok tavada zeytinyağı ve tereyağını ısıtıp mantarları ekleyin. Mantar nemini kaybedene kadar 2-3 dakika soteleyin.

b) Doğranmış soğan ve sarımsağı ekleyin ve daha fazla soteleyin mantarlar kahverengiye döner.

c) Kremayı ekleyip karıştırın, tuz ve karabiberi ekleyip sütü ekleyin. Kıyılmış maydanoz ve baharatları ekleyip bir kez daha karıştırın ve kenara alın.

d) Izgara tavuk için - kemiksiz göğsü ikiye bölün ve bıçağın arkasıyla eritin. Hafifçe kesin ve zencefil-sarımsak ezmesi, tuz ve karabiber sürün.

e) Bir ızgara tavasında zeytinyağını kızdırın ve tavukları iyice pişene kadar kızartın, kenara alın. Izgara tavuğu nazikçe dilimleyin

f) Sotelenmiş sebzeler için - wok tavada zeytinyağını ısıtın ve tüm sebzeleri ekleyin, doğranmış zencefil ve sarımsağı, tuzu ve karabiberi ekleyin. 2-3 dakika soteleyin. Limon suyunu ekleyip kenara alın

g) Spagetti için - wok tavada suyu ısıtın ve tuz, karabiber, 1 çay kaşığı zeytinyağı ekleyin, spagetti ekleyin ve 7-8 dakika pişirin. Süzün ve zeytinyağı ve tuz ve karabiber tozu ekleyin.

h) Montaj için - sizzler'ı dumanı tütene kadar ısıtın. Tahtaya koyun ve doğranmış lahanayı ekleyin, bir tarafa spagettiyi, diğer tarafa sotelenmiş sebzeleri koyun. Ortada ızgara tavuk ve mantar sosu ile tepesinde.

i) Kıyılmış maydanozla süsleyin ve afiyetle yiyin

54. Hakka Erişte ve Izgara Tavuk Sizzler

İÇİNDEKİLER:

- 2 su bardağı Haşlanmış Erişte

IZGARA TAVUK İÇİN

- 1 & ½ çay kaşığı kırmızı biber tozu
- 1/2 çay kaşığı Kali mirch tozu (Karabiber tozu)
- ½ çay kaşığı veya tatmak için Namak (Tuz)
- 1/2 yemek kaşığı Zencefilli sarımsak ezmesi
- 1 yemek kaşığı Kurutulmuş veya kıyılmış taze maydanoz
- 1 ½ yemek kaşığı Soya sosu
- 1 yemek kaşığı Sirke
- 300 gram tavuk fileto
- 1-2 yemek kaşığı Yemeklik yağ
- 1/2 yemek kaşığı Şeker

CIZIRMA SOSUNUN HAZIRLANMASI:

- 2 yemek kaşığı Makhan (Tereyağı)
- 1 yemek kaşığı Pizza Sosu
- 2 yemek kaşığı Sarımsak, doğranmış
- 1/2 yemek kaşığı Mısır unu1 &
- 1 yemek kaşığı acı biber salçası
- 1/2 çay kaşığı Soya Sosu
- ¼ çay kaşığı veya tatmak için Namak (Tuz
- 1/4 Fincan Biber sarımsak sosu
- 1 Bardak veya gerektiği gibi Tavuk suyu

SEBZELERİ HAZIRLAYIN:

- 2 yemek kaşığı yemeklik yağ
- 1 yemek kaşığı doğranmış yeşil soğan yaprağı
- 1 yemek kaşığı mısır
- 1/2 Bardak Jülyen Havuç
- 1/2 Fincan yeşil dolmalık biber jülyen
- 1/4 su bardağı kırmızı dolmalık biber jülyen
- 1/2 Fincan kırmızı dolmalık biber jülyen
- ½ çay kaşığı veya tatmak için Namak (Tuz)
- 1/2 çay kaşığı Lal mirch (Kırmızı biber) ezilmiş
- 1/4 su bardağı rendelenmiş havuç

TALİMATLAR:
ERİŞTE HAZIRLAYIN
a) 1 çorba kaşığı yağı yapışmaz bir tavada kızdırın.

b) ½ yemek kaşığı kıyılmış zencefil ve 1 yemek kaşığı kıyılmış sarımsak, 2 yemek kaşığı Jülyen doğranmış havuç, 2 yemek kaşığı kırmızı biber, 2 yemek kaşığı lahana ekleyin

c) Karıştırın ve 30 saniye soteleyin.

d) Erişte ekleyin ve karıştırmak için fırlatın. 1 çorba kaşığı soya sosu, 1 çay kaşığı acı pul biber, ezilmiş karabiber, bir tutam şeker ve biraz taze soğan yeşillikleri ekleyin ve karıştırın. Tuz ekleyin ve iyice karıştırın.

IZGARA TAVUK HAZIRLANIŞI:
e) Bir kaseye şeker, toz kırmızı biber, karabiber tozu, tuz, zencefilli sarımsak ezmesi, taze veya kuru maydanoz, soya sosu, sirke ekleyin ve iyice karıştırın.

f) Tavuk fileto ekleyin, iyice karıştırın ve 1 saat marine edin.

g) Izgara tavasına sıvı yağı ve marine edilmiş tavuk filetoları ekleyin, pişene kadar her iki tarafını da kısık ateşte kızartın.

CIZIRMA SOSUNUN HAZIRLANMASI:
h) Sos tenceresine tereyağını ekleyip erimesini sağlayın.

i) Soğan, sarımsak ekleyin ve iyice karıştırın.

j) Çok amaçlı unu ekleyin ve 1 dakika iyice karıştırın.

k) Soya sosu, karabiber tozu, tuz, acı sarımsak sosu ekleyin ve iyice karıştırın.

l) Tavuk suyunu ekleyin, iyice karışana kadar çırpın ve 2-3 dakika veya sos koyulaşana kadar pişirin ve kenara alın.

SEBZELERİ HAZIRLAYIN:

m)   Wok'ta yemeklik yağ, yeşil soğan yapraklarını ekleyin ve iyice karıştırın.

n) Taze maydanozu ekleyip karıştırın.

o) Kalan havuçları, sarı dolmalık biberi, kırmızı biberi, kırmızı dolmalık biberi, tuzu, kırmızı biberi ekleyin, iyice karıştırın ve 1 dakika karıştırarak kızartın ve kenara alın.

BİRLEŞTİRME:

p) Cızırtılı tavayı ısıtın, tereyağını, Erişteleri ekleyin, kızartılmış sebzeleri, tavuk filetoyu, hazır cızırtılı sosu karıştırın ve servis yapın!

BESİ SİZZLER

55. Sırlı şeftali ile huysuz jambon cızırtılı

Yapar: 4 porsiyon

İÇİNDEKİLER:
2 1/2 inç kalın jambon biftek
1 adet Yumurta akı
1 su bardağı ezilmiş peynirli kraker
4 yarım şeftali
¼ bardak kızılcık sosu
1 adet Patates
2 çay kaşığı zeytinyağı

TALİMATLAR:
Yumurtayı 1 tatlı kaşığı su ile hafifçe çırpın. Her bir jambon diliminin bir tarafını yumurtaya, ardından kraker kırıntılarına batırın. Kırıntıları iyice bastırın. Kaplamalı tarafı yukarıya gelecek şekilde piliç rafına yerleştirin. Şeftali yarımlarını jambonla ızgara rafına koyun, üzerine eritilmiş kızılcık sosu sürün. İnce mızrakla kesilmiş ve yağa atılmış patates ile çevreleyin. 4 "ısıdan 5 dakika kavurun.

56. Teksas cızırtılıları

Yapar: 24 Meze

İÇİNDEKİLER:
- 1½ pound Dana gögüs biftek
- ½ fincan Salsa Picante
- 12 Bütün jalapeno biberi uzunlamasına ikiye bölünmüş ve çekirdekleri çıkarılmış
- ¼ fincan Otlu krem peynir
- kürdan

TALİMATLAR:
a) Biftekleri 4 inç uzunluğunda ¼ inç kalınlığında şeritler halinde dilimleyin. Tahıl tutma bıçağını açılı olarak kesin.
b) Sığır eti şeritlerini Salsa Picante'de bir saat marine edin.
c) Jalapenoların her yarısını ½ çay kaşığı krem peynirle doldurun 4. Doldurduğunuz jalapenoları krem peynirin üzerini kaplayan bir biftek şeridiyle sarın. Biftek uçlarını kürdan ile tutturun. 5. 2 dakika sonra çevirerek 4 dakika ısıdan 4 inç ızgara yapın veya kızartın. Fazla pişirmeyin.
d) Optimum lezzet için sıcak veya orta Salsa Picante ile marine edin.

57. Sığır eti teriyaki

Yapar: 6 Porsiyon

İÇİNDEKİLER:

- 1½ kilo dana bonfile
- ½ su bardağı Soya sosu
- ¼ fincan Kuru şeri
- 2 yemek kaşığı Şeker
- 2 çay kaşığı Kuru hardal
- 4 diş sarımsak, kıyılmış

TALİMATLAR:

a) Sığır eti kısmen dondurun. Tahıl boyunca ince bir şekilde lokma büyüklüğünde şeritler halinde ayırın. Soya sosu, şarap, şeker, hardal ve sarımsağı karıştırın; dana eti ekleyin ve oda sıcaklığında 15 dakika dinlendirin.

b) Et şiş, akordeon usulü, küçük şişler üzerinde. Gazlı ızgaranın her iki tarafını da 10 dakika boyunca YÜKSEK olarak önceden ısıtın.

c) Şişleri ızgaralara yerleştirin; Başlığı kapatın ve 5 ila 7 dakika veya et pişene kadar pişirin, döndürün ve sık sık tuzlu suyla doldurun.

58. İki kişilik 30 dakikalık kuzu ızgara

Yapar: 2 Porsiyon

İÇİNDEKİLER:
- 1 yemek kaşığı Düşük sodyumlu soya sosu
- 2 çay kaşığı Susam yağı
- 1 adet yeşil soğan, doğranmış
- 1 diş sarımsak, kıyılmış
- 2 çay kaşığı Gingerroot, kıyılmış
- ¼ çay kaşığı Biber
- 4 Kuzu fileto pirzola
- Tuz

TALİMATLAR:
a) Sığ tabakta soya sosu, yağ, soğan, sarımsak, zencefil ve biberi birlikte çırpın. Kaplamak için dönen kuzu ekleyin; 10 dakika dinlenmeye bırakın.

b) Tuzlu suyu yeniden porsiyonlayın, kuzuyu orta-yüksek ateşte yağlanmış ızgaraya koyun; örtün ve tuzlu su ile ıslatarak, orta-az pişmiş veya istenen pişene kadar her iki tarafta 5-7 dakika pişirin. Tatmak için tuz ekleyin.

c) Kızarmış kabak dilimleri ve tatlı patates ile servis yapın.

59. Izgara Cajun usulü timsah kuyruğu

Yapar: 16 Porsiyon

İÇİNDEKİLER:

- 4 ila 6 lbs. Timsah Kuyruğu Limon dilimleri

Baharat karışımı:

- 12 yemek kaşığı kırmızı biber
- 6 yemek kaşığı Sarımsak tozu
- 3 yemek kaşığı Tuz
- 3 yemek kaşığı Beyaz biber
- 3 yemek kaşığı Kekik, ezilmiş
- 3 yemek kaşığı Karabiber
- 2½ yemek kaşığı Kekik
- 1 yemek kaşığı acı biber

TALİMATLAR:

a) Baharat karışımını yapmak için, kırmızı biber, sarımsak tozu, tuz, beyaz biber, kekik, karabiber, kekik ve acı biberi ağzı sıkıca kapanan bir kavanozda karıştırın. Karıştırmak için iyice çalkalayın.

b) Karışım 3 aya kadar saklanabilir. Pişirmeye hazır olduğunuzda timsah kuyruğu etini ½" küpler halinde kesin. Her bir küpü karışımdan 1 çorba kaşığı içinde yuvarlayın.

c) Açık havadaki bir barbekü ızgarasında veya ızgara ızgarasının altında yüksek ateşte 4 ila 6 dakika veya timsah kuyruğu eti beyaz ve dokunulamayacak kadar sert olana kadar pişirin.

d) Limon dilimleri ile sıcak servis yapın.

60. Izgara kuzu budu

Yapar: 6 Porsiyon

İÇİNDEKİLER:

- 4 pound kuzu budu, kelebekli
- 2 çay kaşığı Tuz
- 2 diş sarımsak, doğranmış
- 1 su bardağı zeytinyağı
- 2 Limon, suyu sıkılmış
- ⅓ su bardağı Domates salçası
- 2 çay kaşığı Biberiye
- ½ çay kaşığı Karabiber, iri öğütülmüş
- ½ çay kaşığı mercanköşk
- ½ çay kaşığı Kekik
- ½ çay kaşığı Tuzlu

TALİMATLAR:

a) Tüm malzemeleri cam, emaye, paslanmaz veya plastik bir kapta karıştırın ve Karıştırılana kadar bir çırpma teli veya çatalla karıştırın. Birkaç dakika sürer.

b) Her tarafının kaplandığından emin olmak için döndürerek kuzu ekleyin.

c) Oda sıcaklığında iki saat veya buzdolabında bir gece marine edin. Hâlâ tuzlu su ile kaplı olduğundan emin olmak için ara sıra kontrol edin ve gerekirse yeniden kapatın.

d) Dışarıda ızgara yapın veya her iki tarafta 15 dakika boyunca alevden yaklaşık 8 inç içeride ızgara yapın, ara sıra tuzlu suyla fırçalayın. Parçalara ayrılmış ince (sıcak) salamuranın geri kalanıyla birlikte ısıtılarak servis yapın.

61. Biber ve Soğanlı Cızırtılı Biftek

İÇİNDEKİLER:
- ½ yemek kaşığı bitkisel yağ
- birkaç kat Schwartz Herb Fusion - biraz sarımsak tozu içeren herhangi bir kuru ot yeterli olacaktır
- bir tutam kırmızı biber gevreği
- 300 gr biftek - şeritler halinde dilimlenmiş
- 1 orta boy soğan - soyulmuş ve ince dilimlenmiş
- 1 yeşil dolmalık biber - çekirdeği çıkarılmış ve ince dilimlenmiş
- bir damla soya sosu
- 1 taze soğan (soğan) - dilimlenmiş

TALİMATLAR

a) Bitkisel yağı, birkaç kat bitki füzyonu ve pul biberle birlikte bir tabağa dökün, ardından karışımı soğan, biber ve dilimlenmiş bifteği kaplamak için kullanın.

b) Cızırtılı tabağınızı veya ağır tabanlı kızartma tavanızı güzelce ve sıcak olana kadar ısıtın (cızırtılı tava, pişirmeye hazır olduğunda duman çıkarmaya başlayacaktır).

c) Biftek, soğan ve biberleri cızırtılı tabağa ekleyin ve tavada her şeyi en az iki kez çevirerek pişirin (her şey çok çabuk pişecektir).

d) Taze soğanla birlikte bir miktar soya sosu ekleyin.

e) Hala cızırdarken hemen servis yapın.

62. Izgara kurutulmuş dana eti

Yapar: 4 Porsiyon

İÇİNDEKİLER:
- 1 pound Yalın alt yuvarlak veya sığır filetosu
- 2 sap taze limon otu veya 2 yemek kaşığı kurutulmuş limon otu
- 2 küçük kırmızı acı biber, çekirdekleri çıkarılmış
- 2½ yemek kaşığı Şeker veya bal
- 1 yemek kaşığı Vietnam balık sosu
- 3 yemek kaşığı Hafif soya sosu

TALİMATLAR:
a) Sığır eti tahıl boyunca çok ince 3'e 3 inçlik dilimler halinde kesin. Taze limon otu kullanıyorsanız, dış yaprakları ve sapın üst yarısını atın. İnce dilimler halinde kesin ve ince doğrayın. Kurutulmuş limon otu kullanıyorsanız 1 saat ılık suda bekletin. Süzün ve ince doğrayın.
b) Biberleri ve şekeri bir havanda karıştırın ve ince bir macun haline gelene kadar dövün. Doğranmış limon otu, balık sosu ve soya sosu ekleyin ve Karıştırın. (Mikser kullanıyorsanız, bunların hepsini karıştırın ve çok ince bir hamur elde edene kadar karıştırın.) Hamuru her iki tarafı da kaplayacak şekilde dana parçalarının üzerine yayın. 30 dakika marine edelim.

c) Marine edilmiş sığır etinin her bir parçasını büyük, düz bir tel ızgara veya fırın tepsisine yayın.
d) Her iki tarafı tamamen kuruyana kadar yaklaşık 12 saat güneşte dinlendirin.
e) Sığır eti ılımlı bir kömür ateşinde veya kahverengi ve gevrek olana kadar yaklaşık 10 dakika ızgara yapın.

63. Izgara pirzola ızgara

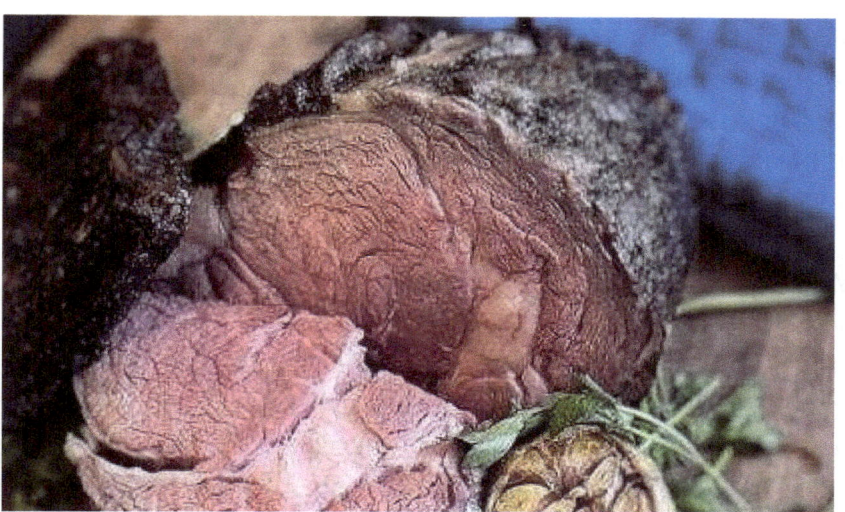

Yapar: 1 Porsiyon

İÇİNDEKİLER:

- 1 her biri 12 ila 15 kiloluk prime Kaburga, kemikli
- 1 bardak koşer tuzu
- 1 su bardağı iri çekilmiş karabiber
- Birinci kaburganın her tarafını tuz ve karabiberle ovun.

TALİMATLAR:

a) Büyük bir su ısıtıcısı ızgarasında, bir tarafı iyice ateşleyin. Kömürler iyice yandığında, nervürün hiçbir parçasının doğrudan kömürlerin üzerine gelmemesine dikkat ederek, nervürü kömürlerin karşı tarafındaki ızgara ızgarasına yerleştirin. Kapağı, havalandırma delikleri ¼ açık olacak şekilde su ısıtıcısına yerleştirin.

b) Her 30 dakikada bir bir avuç taze kömür ekleyerek yaklaşık 2 saat pişirin.

c) 2 saatlik noktada, pişip pişmediğini belirlemek için kaburgayı bir et termometresiyle kontrol edin; Çok az pişmiş için 118 F, az pişmiş için 122 F, orta az pişmiş için 126 F ve bu şekilde devam ederek her pişme derecesi için 4 F ekleyerek ateşten çıkarın.

d) Dilimlemeden önce 30 dakika dinlenmeye bırakın.

64. Açık Karışık ızgara

Yapar: 1 Porsiyon

İÇİNDEKİLER:

- Tavuk, sosis, sığır eti, domuz eti ve/veya kuzu etini istediğiniz gibi ve aşağıdaki gibi seçin:
- 1 pound Kemiksiz, derisiz tavuk göğsü, 1 inç parçalar halinde kesilmiş
- 1 pound Tatlı İtalyan sosisi, 1 inç parçalar halinde kesilmiş
- 1 bardak greyfurt suyu
- 3 yemek kaşığı Bal
- 2 yemek kaşığı Eritilmiş tereyağı
- ½ çay kaşığı Tuz
- 2 yemek kaşığı doğranmış taze biberiye
- 2 yemek kaşığı doğranmış taze kekik
- 1 yemek kaşığı Doğranmış sarımsak
- 1 küçük Soğan, doğranmış
- 2 yemek kaşığı Limon suyu
- ½ su bardağı Yağ
- 1 çay kaşığı Kuru kekik
- 1 çay kaşığı Kurutulmuş mercanköşk
- 1 çay kaşığı Tuz
- ½ çay kaşığı Biber

TALİMATLAR:

a) Tüm malzemeleri büyük, reaktif olmayan sığ bir tabakta karıştırın; 2 saat oda sıcaklığında kapalı veya birkaç saat buzdolabında kapalı tuzlu su.

b) Çıkarın, salamurayı yeniden porsiyonlayın ve tavuğu kendi şiş(ler)inde ve sosisi kendi şişinde

c) Orta derecede sıcak kömürlerin üzerinde ızgara yapın, sık sık döndürün ve ilgili tuzlu suyla fırçalayın. Tavuk yaklaşık 15 dakika sürecektir; sosis yaklaşık 20-25 dakika; domuz eti, sığır eti veya kuzu eti yaklaşık 20 dakika. Ateşten alın ve kalan/ilgili tuzlu su(lar) üzerine dökün; yaklaşık beş dakika folyo ile örtün; sert.

65. Izgara dana bıçağı biftek

Yapar: 1 Porsiyon

İÇİNDEKİLER:

- Altı kemiksiz dana bıçağı; biftek
- 2 büyük kırmızı biber; dörde bölünmüş
- 2 göbek portakalının kabuğu
- 1 su bardağı taze portakal suyu
- ⅓ su bardağı Bitkisel yağ
- 2 diş sarımsak
- 1 yemek kaşığı soya sosu
- 1 çay kaşığı Kurutulmuş acı kırmızı biber gevreği
- 1 yemek kaşığı Elma sirkesi
- ½ çay kaşığı Tuz

TALİMATLAR:

a) Büyük, sığ bir tabakta bıçak bifteklerini tek kat halinde düzenleyin ve dolmalık biberleri ekleyin.

b) Portakal kabuğu rendesi, portakal suyu, sıvı yağ, sarımsak, soya sosu, pul biber, sirke ve tuzu bir Mikserde salamura pürüzsüz olana kadar karıştırın, salamurayı bifteklerin ve biberlerin üzerine dökün, iyice kaplayın ve karışımı gece boyunca marine edin, üzerini örtün ve soğutun.

c) Biftekleri ve biberleri, salamuraları atılarak, orta-az pişmiş biftekler için her iki tarafta 8 dakika boyunca kızgın kömürlerin üzerine 5 ila 6 inç ayarlanmış yağlı bir rafta ızgara yapın, bir tabağa alın ve biftekleri 5 dakika dinlendirin.

66. Sizzle Sığır Tavada Kızartma

Yapar: 3

İÇİNDEKİLER:

- 300 gr ince doğranmış dana biftek, kaba küpler halinde kesilmiş
- 2 çay kaşığı yağ
- Seçeceğiniz 450 gr hazır sebze pirinci
- Cızırtılı Sos için:
- 4 yemek kaşığı Worcestershire sosu
- 1 çay kaşığı Çin 5 baharat tozu
- 2 yemek kaşığı domates püresi
- 1 yemek kaşığı bal
- 1 yemek kaşığı hafif soya sosu

TALİMATLAR:

a) Cızırtılı sosu yapmak için küçük bir kapta tüm malzemeleri karıştırın ve bir kenara koyun.

b) Yağı büyük bir yapışmaz tavada veya wok'ta ısıtın, sığır eti ekleyin ve ara sıra karıştırarak 1-2 dakika pişirin. Sosu ve sebze pirincini ekleyin; Pirinç çok sıcak olana kadar ara sıra karıştırarak 3-4 dakika daha pişirmeye devam edin.

c) Hemen yeşil salata ile servis yapın.

67. sığır filetosu Sizzler

Yapar: 4

İÇİNDEKİLER:
- 3 yemek kaşığı balzamik sirke
- 2 yemek kaşığı zeytinyağı
- 2 diş kıyılmış sarımsak
- 1 çay kaşığı kuru biberiye
- 1⁄4 çay kaşığı tuz
- 1 lb sığır filetosu biftek, 1 inç kalınlığında

TALİMATLAR:
a) Sığ tabakta sirke, yağ, sarımsak, biberiye ve tuzu karıştırın.

b) Kaplamak için çevirerek biftek ekleyin.

c) Bir kez çevirerek 10 dakika oda sıcaklığında marine edin.

d) Yağlanmış ızgara tavası veya tavayı orta-yüksek ateşte ısıtın.

e) Biftekleri bir kez çevirerek 10-12 dakika veya istenen pişene kadar pişirin.

f) Kesme tahtasına ve folyo ile çadıra aktarın.

g) Dilimlemeden önce 5 dakika bekletin.

DENİZ ÜRÜNLERİ SIZZLER

68. Schezuan Usulü Karışık Deniz Ürünleri Sizzler

İÇİNDEKİLER:

- 400 gr Deniz Ürünleri - büyük karides, balık, kalamar halkaları ve istiridye
- 5 kuru biber
- 20 gr genç zencefil, dilimlenmiş
- 3 diş sarımsak, dilimlenmiş
- yarım soğan, dilimler halinde kesin
- 25 gr düğme mantar, dörde bölünmüş
- 50 gr kırmızı ve yeşil biber, dilimler halinde kesilmiş
- 25 gr havuç, istenilen şekillerde kesilmiş
- 2 yemek kaşığı yağ
- 1 çay kaşığı susam yağı

BAHARAT

- 1 yemek kaşığı abalone sosu
- 1 yemek kaşığı domates sosu
- 1/4 çay kaşığı koyu soya sosu
- 1/4 çay kaşığı şeker
- 1/2 su bardağı su
- 1 çay kaşığı siyah sirke
- 1 yemek kaşığı Shao Hsing yemeklik şarap (isteğe bağlı)
- 1/8 çay kaşığı mısır unu

TALİMATLAR:

a) Kabuk karidesleri, kuyrukları ve kafaları sağlam bırakır. Karideslerin ortasında bir yarık açın ve devein. Balıkları ısırık büyüklüğünde parçalar halinde kesin. Kalamarı temizleyin ve halkalar halinde kesin.

b) Hafifçe mısır unu serpin ve kızgın yağda 30 saniye kızartın. Süzün ve bir kenara koyun.

c) Kısık ateşte cızırtılı bir ocak gözü koyun. Üzerine biraz yağ sürün. Sıcak olana kadar ısıtın.

d) Yağı ve susam yağını bir wok içinde ısıtın. Zencefil, sarımsak ve kuru biberleri kokusu çıkana kadar kavurun. Düğme mantar, havuç ve baharat ekleyin. Deniz ürünlerini wok'a geri koyun. 10-20 saniye boyunca hızlıca karıştırarak kızartın. Biber, soğan ekleyin ve birleştirmek için iyice atın.

e) Çanağı doğrudan sıcak plakaya aktarın ve henüz cızırdarken hemen servis yapın.

69. Zencefilli ve Yeşil Soğanlı Bütün Buğulanmış Balık

İÇİNDEKİLER:

BALIK İÇİN

● 1 tam beyaz balık, yaklaşık 2 pound, kafa üstü ve temizlenmiş
● Temizlik için ½ su bardağı koşer tuzu
● 3 inçlik parçalar halinde dilimlenmiş 3 yeşil soğan
● Her biri yaklaşık çeyrek büyüklüğünde 4 soyulmuş taze zencefil dilimi
● 2 yemek kaşığı Shaoxing pirinç şarabı

SOSU İÇİN

● 2 yemek kaşığı hafif soya sosu
● 1 yemek kaşığı susam yağı
● 2 çay kaşığı şeker

CIZURLU ZENCEFİL YAĞI İÇİN

● 3 yemek kaşığı bitkisel yağ
● 2 yemek kaşığı soyulmuş taze zencefil, ince şeritler halinde ince jülyen doğranmış
● 2 taze soğan, ince dilimlenmiş
● İnce dilimlenmiş kırmızı soğan (isteğe bağlı)
● Kişniş (isteğe bağlı)

TALİMATLAR:

a) Balığın içini ve dışını koşer tuzuyla ovun. Balıkları durulayın ve kağıt havlularla kurulayın.

b) Bambu buharlı pişirici sepetine sığacak kadar büyük bir tabakta, yeşil soğan ve zencefilin yarısını kullanarak bir yatak yapın. Balığı üstüne koyun ve kalan taze soğanları ve zencefili balığın içine doldurun. Pirinç şarabını balığın üzerine dökün.

c) Bambu buharlı pişirici sepetini ve kapağını soğuk su altında durulayın ve wok'a yerleştirin. Yaklaşık 2 inç soğuk su veya buharlı pişiricinin alt kenarının yaklaşık ¼ ila ½ inç üzerine gelene kadar dökün, ancak su sepetin dibine değecek kadar yüksek değil. Suyu kaynamaya getirin.

d) Plakayı buhar sepetine yerleştirin ve üzerini kapatın. Balığı orta ateşte 15 dakika buğulayın (her yarım pound için 2 dakika ekleyin). Wok tavasından çıkarmadan önce, balığın başının yakınında bir çatalla delin. Et pul pul dökülürse, yapılır. Et hala birbirine yapışıyorsa, 2 dakika daha buharlayın.

e) Balık buharda pişirilirken küçük bir tavada hafif soya, susam yağı ve şekeri kısık ateşte ısıtın ve bir kenara koyun.

f) Balıklar piştikten sonra temiz bir tabağa alın. Pişirme sıvısını ve aromatikleri buhar tepsisinden atın. Ilık soya sosu karışımını balıkların üzerine dökün. Yağı hazırlarken sıcak tutmak için folyo ile çadır.

70. Rezene ile ızgara çipura

Yapar: 1 Porsiyon

İÇİNDEKİLER:

- 4 fileto çipura
- Fırçalamak için zeytinyağı
- 10 Arpacık; soyulmuş, parçalanmış
- 4 Havuç; ince Bölünmüş
- 1 bütün rezene; özlü, yarıya
- 2 tutam safran
- tatlı beyaz şarap
- 1 litre Balık stoğu
- 1-pint Çift krema
- Portakal; suyu
- 1 demet Kişniş; ince doğranmış

TALİMATLAR:

a) Havuç, arpacık soğan, rezene ve safranı zeytinyağında 3-4 dakika renklendirmeden pişirin. Sebzeleri dörtte üç oranında şarapla kaplayın ve tamamen azaltın.

b) Balık suyunu ekleyin ve üçte bir oranında azaltın. Küçültürken havuçları kontrol edin ve yeni piştiyse sebzelerin suyunu süzün ve daha fazla azaltmak için suyu tekrar tencereye alın. Sebzeleri bir kenara koyun.

c) Kremayı indirgeme likörüne ekleyin ve biraz koyulaşana kadar azaltın. Çipura filetolarını fırçayla zeytinyağı ile yağlayın ve derisi alta gelecek şekilde ızgara yapın.

d) Azaltılmış et suyuna portakal suyunu ekleyin ve sebzeleri tavaya geri koyun. Baharatlayın ve balıkla birlikte servis yapın.

71. Elma sırlı deniz ürünleri şişleri

Yapar: 6 Porsiyon

İÇİNDEKİLER:
- 1 kutu elma suyu konsantresi
- 1 yemek kaşığı HER BİR tereyağı ve Dijon hardalı
- 1 büyük tatlı kırmızı biber
- 6 segment Pastırma
- 12 deniz tarağı
- 1 pound Kabuklu, ayıklanmış karides (yaklaşık 36)
- 2 yemek kaşığı doğranmış taze maydanoz

TALİMATLAR:
a) Derin, ağır bir tencerede, elma suyu konsantresini yüksek ateşte 7 10 dakika veya yaklaşık ¾ bardağa düşene kadar kaynatın. Ateşten alın, tereyağı ve hardalı pürüzsüz olana kadar çırpın. Kenara koyun. Biberi ikiye bölün Çekirdeklerini ve sapını çıkarın ve biberi 24 parçaya bölün. Pastırma dilimlerini çapraz olarak ikiye bölün ve her tarağı bir parça domuz pastırmasına sarın.

b) dönüşümlü olarak 6 şiş üzerine biber, deniz tarağı ve karides şişleyin. Şişleri yağlanmış barbekü ızgarasına yerleştirin. Orta derecede yüksek ateşte 2-3 dakika ızgara yapın, elma suyu sırıyla tatlandırın ve taraklar opaklaşana, karidesler pembeleşene ve biber yumuşayana kadar sık sık döndürün. Maydanoz serperek servis yapın.

72. Mangalda pişmiş balık şişleri

Yapar: 4 Porsiyon

İÇİNDEKİLER:
- 1 pound sert beyaz balık
- 1 çay kaşığı tuz
- 6 diş sarımsak
- 1½ inç taze kök zencefil
- 1 yemek kaşığı garam masala
- 1 yemek kaşığı öğütülmüş kişniş
- 1 çay kaşığı acı biber
- 4 ons Sade yoğurt
- 1 yemek kaşığı Bitkisel yağ
- 1 Limon
- 2 adet acı yeşil biber

TALİMATLAR:
a) Fileto ve deri balıkları daha sonra 11/2-inç küpler halinde kesilir. Her şişin üzerine yaklaşık 5 parça koyun ve üzerine tuz serpin.

b) Sarımsak, zencefil, baharatlar ve yoğurttan bir macun yapın ve bunu balığın üzerini örtmek için kullanın. Birkaç saat bekletin ve sonra ızgara yapın.

c) Gerekirse, pişirme sırasında şişlere biraz yağ sıçratılabilir. Takozlar halinde kesilmiş limon ve tohumlanmış yeşil acı biberin ince halkaları ile süsleyin.

SEBZE ŞEBEKESİ

73. sebze cızırtılıları

Yapar: 1 porsiyon

İÇİNDEKİLER:
- 1 orta boy kırmızı biber
- 1 orta boy olgun ve sert domates
- 1 Havuç haşlanmış; 1/2 inç dilimler halinde kesin
- 1 su bardağı kıyılmış lahana
- 2 adet haşlanmış ve soyulmuş patates
- 1 Soğan halka veya şeritler halinde kesilmiş
- 3 Fasulye haşlanmış ve ikiye bölünmüş; (3 ila 4)
- 1 su bardağı Haşlanmış pirinç
- 1 su bardağı Haşlanmış erişte veya spagetti
- 1 çay kaşığı kırmızı toz biber
- 1 çay kaşığı Domates ketçapı
- ½ çay kaşığı Soya sosu
- 1 çay kaşığı mısır unu
- 1 yemek kaşığı Kuru ekmek kırıntısı; iyi
- 1 yemek kaşığı Tereyağı
- tatmak için tuz
- 1 yemek kaşığı Yağ
- zencefil ve sarımsak

a) Bir patatesi iyice ezin, diğerinin parmaklarını kesin.

b) Pirinç, patates püresi, mısır unu, pul biber, soya sosu, ketçap, tuzu karıştırın.

c) Kapağı hem domatesten hem de kırmızı biberden kesin. İçi boş olacak şekilde domatesi kazıyın.

d) Biberleri yumuşayana kadar kaynar suya koyun. Süzün ve kurulayın.

e) Hem domates hem de kırmızı biberi pirinç dolgusu ile doldurun. Biraz tereyağı ile fırçalayın. kenarda tutmak

f) Kalan karışımdan köfte şekli verip sıvı yağda arkalı önlü kızartın. Kenarda tutun.

SIZZLER'I MONTAJ ETMEK İÇİN:

g) Cızırtılı tepsiyi ısıtın, ortasına yağın yarısını koyun, tüm sebzeleri, tuzu ekleyin ve karıştırarak kızartın.

h) Yanlara doğru itin, kalan tereyağını ortasına koyun. Erişte ekleyin, tuz ve karabiber serpin, atın.

i) Sebzelerin içinde yanlara doğru itin. Ortasına biber, domates ve köfteyi yerleştirin.

j) Her tarafının cızırdaması için dikkatlice çevirin.

k) Tepsiyi ahşap kabına aktarın.

l) Servis yapmadan önce tepsiyi çok ısıtın ve cızırdaması için çok hafifçe biraz beyaz sirke serpin.

m)   Sos, sarımsak ruloları vb. ile sıcak olarak servis yapın.

74. Çin sebze cızırtılı

İÇİNDEKİLER:

- gerektiği kadar Domates ve kırmızı biber dolması ile aynı
- Erişte ve makarnada verilenle aynı
- İhtiyaca göre Yağ ve tereyağı
- gerektiği kadar patates kızartması

TALİMATLAR:

a) Büyük bir tabak koyun, lahana yapraklarını koyun, iç harcı, domates ve kırmızı biberi koyun, ardından Çin sebzeli şehriye ve makarnayı koyun.

b) Noodle ve makarnayı tabağa alın patates kızartmasını ekleyin ve yağ veya tereyağ koyarak kızdırın ve servis tabağına alın mayonez ve ketçap ile sıcak servis yapın.

75. Peri Peri Paneer cızırtılı

İÇİNDEKİLER:

- 1 su bardağı pancar
- 1 kapya biber kabaca doğranmış
- 1 soğan kabaca doğranmış
- 1 su bardağı patates kızartması
- 1 yemek kaşığı Barbekü sosu
- 1 yemek kaşığı domates sosu
- 1 yemek kaşığı peri peri sosu
- 1 su bardağı pişmiş pirinç
- 1 havuç doğranmış
- 1 yemek kaşığı haşlanmış tatlı mısır

TALİMATLAR:

a) Tüm sos ve baharatları ekleyerek paneeri marine edin, iyice karıştırın ve yarım saat kenarda bekletin. Marine ettikten sonra tavada altın rengi alana kadar kavurun.

b) Bir tava alın ve tüm sebzeleri yağlayıp soteleyin, sos ve baharatları ekleyin, tuzu ekleyin ve iyice karıştırın, fazla pişirmeden biraz soteleyin ve çıkarın. Aynı tavaya sıvı yağı ekleyin, soğanı ekleyin ve bir süre soteleyin. Biberleri ekleyin ve bir süre soteleyin.

c) Servis tabağına alın, tavayı ortasına dizin, bir tarafına kızarmış pilav ve sotelenmiş sebzeler ve patates kızartmasını bir tarafına cızırdatmak için geniş tavayı harlı ateşte ısıtın, cızırdayan servis tabağını eğer üzerinde tutun. Ve yanında tereyağı ve su Sizzler paneerinizin tadını çıkarın.

76. Bombay Sizzler

İÇİNDEKİLER:

- Haşlama için sebzeler
- 1 su bardağı yeşil bezelye
- 1 büyük havuç
- Yarım su bardağı Fransız fasulyesi
- 7-8 çiçek karnabahar
- 1 su bardağı lahana
- 1 patates
- 3 büyük soğan ince doğranmış
- 3 büyük domates salçası
- 1 çay kaşığı sarımsak ezmesi
- 1 çay kaşığı zencefil ezmesi
- 1 adet ince kıyılmış kapya biber
- 1 çay kaşığı kırmızı biber salçası
- 1 çay kaşığı Jeera
- 3-4 yemek kaşığı pav Bhaji masala
- 3 yemek kaşığı tereyağı
- 1 yemek kaşığı yağ
- Gerektiği gibi
- Süslemek için gerektiği kadar kişniş yaprağı
- gerektiği kadar Cızırtılı tabak için lahana yaprakları
- 2-3 küp soğuk tereyağ

TALİMATLAR:

a) Bezelye, havuç, lahana, Karnabahar gibi tüm sebzeleri düdüklü tencerede haşlayın. Bir kenarda bekletin suyunu atmayın.

b) Kalın dipli bir tencereye sıvı yağ ve iki yemek kaşığı tereyağı ekleyin. Jeera'yı ekleyin. Kavrulunca soğanı ekleyin ve şeffaflaşana kadar soteleyin.

c) Şimdi Capsicum'u ekleyin ve 2 dakika soteleyin. Şimdi pav Bhaji masala ekleyin ve 2 dakika soteleyin. Şimdi haşlanmış sebzeleri ekleyin ve ezici ile iyice ezin. İyice karıştırın ve yaklaşık 4 ila 5 dakika soteleyin.

d) Şimdi üzerine domates püresini ekleyin ve yağını salana kadar pişirin. Sıra sebzeleri haşladıktan sonra kalan suyu eklemeye geldi. Gerekirse daha fazla su ekleyebilirsiniz.

e) Üzerini örtüp bir süre pişirin. Bir süre sonra yağın dışarı sızdığını göreceksiniz.

f) Şimdi kaldırım taşı alın ve ikiye bölün. tawa üzerine tereyağı sürün ve biraz pav Bhaji masala serpin ve üzerine pavla sürün.

g) Pav ve bhaji artık hazır. Şimdi sizzler plakasını gazda tutun. Sizzler tabağı sıcakken üzerine lahana yapraklarını koyun ve bir tarafına Bhaji'yi, diğer tarafına da doğranmış soğan ve limon dilimleri ile döşeyin. Sizzlerin kenarlarına küp şeklinde tereyağı koyun ve hemen sevdiklerinize servis edin.

77. Cızırtılı Sarımsak Soslu Patlıcan ve Tofu

İÇİNDEKİLER:

- 6 su bardağı su artı 1 yemek kaşığı, bölünmüş
- 1 yemek kaşığı koşer tuzu
- 3 uzun Çin patlıcanı (yaklaşık ¾ pound), çapraz olarak 1 inçlik parçalar halinde kesilmiş ve dilimlenmiş
- 1½ yemek kaşığı mısır nişastası, bölünmüş
- 1 yemek kaşığı hafif soya sosu
- 2 çay kaşığı şeker
- ½ çay kaşığı koyu soya sosu
- 3 yemek kaşığı bitkisel yağ, bölünmüş
- 3 diş sarımsak, kıyılmış
- 1 çay kaşığı soyulmuş kıyılmış taze zencefil
- ½ pound sert tofu, ½ inçlik küpler halinde kesin

TALİMATLAR:

a) Büyük bir kapta 6 bardak su ve tuzu birleştirin. Tuzu çözmek için kısaca karıştırın ve patlıcan parçalarını ekleyin. Patlıcanları suya batırmak için büyük bir tencerenin kapağını kapatın ve 15 dakika bekletin. Patlıcanı boşaltın ve kağıt havlularla kurulayın. Patlıcanı, yaklaşık 1 yemek kaşığı mısır nişastası serpilmiş bir kaseye atın.

b) Küçük bir kapta kalan ½ çorba kaşığı mısır nişastasını kalan 1 çorba kaşığı su, hafif soya, şeker ve koyu soya ile karıştırın. Kenara koyun.

c) Wok tavayı orta-yüksek ateşte bir damla su cızırdayana ve temas ettiğinde buharlaşana kadar ısıtın. Wok'un tabanını ve kenarlarını kaplamak için 2 yemek kaşığı yağ ve girdap dökün. Patlıcanı wok'ta tek bir kat halinde düzenleyin.

d) Patlıcanı her iki tarafta yaklaşık 4 dakika kızartın. Patlıcan hafifçe kömürleşmiş ve altın kahverengi olmalıdır. Wok duman çıkarmaya başlarsa ısıyı orta seviyeye düşürün. Patlıcanı bir kaseye aktarın ve wok'u sıcağa geri getirin.

e) Kalan 1 çorba kaşığı yağı ekleyin ve sarımsak ve zencefili yaklaşık 10 saniye kokulu ve cızırtılı olana kadar karıştırın. Tofuyu ekleyin ve 2 dakika daha karıştırarak kızartın, ardından patlıcanı wok'a geri koyun. Sosu tekrar karıştırın ve wok'a dökün, sos koyu, parlak bir kıvama gelinceye kadar tüm malzemeleri bir araya getirin.

f) Patlıcan ve tofuyu bir tabağa aktarın ve sıcak servis yapın.

78. Sebze Hint Sizzler

İÇİNDEKİLER:

- İsteğe göre Lahana, Biber, Havuç, Fasulye gibi Sebzeler
- 2 yemek kaşığı mısır unu ve topları bağlamak için çok amaçlı un
- 2 yemek kaşığı kırmızı biber sosu
- 2 çay kaşığı Soya sosu
- 2 çay kaşığı Yeşil biber salçası ve her biri zencefilli sarımsak ezmesi
- damak zevkine göre Tuz
- Kızartmak için sıvı yağ
- 2 su bardağı Haşlanmış Pirinç
- Patates dilimleri için 1-2 patates
- 100 gr Pane
- 1 küçük Soğan
- 1 küçük kapya biber
- 1 tatlı kaşığı Karabiber tozu
- 1 çay kaşığı kuru mango tozu
- 1 çay kaşığı garam masala
- 2 çay kaşığı Mısır unu bulamacı
- 2 yemek kaşığı Sarımsaklı Tereyağı
- 2 yemek kaşığı Zencefil Sarımsak Ezmesi

TALİMATLAR:

a) Öncelikle sebzeleri doğrayın ve Mançurya için toplar yapın yeşil biber ve zencefil sarımsak salçası, tuz, kırmızı biber sosu ve unları ekleyin iyice karıştırın ve küçük toplar halinde yuvarlayın.

b) Daldırma veya sığ kızartma. Patatesleri küp küp doğrayıp aynı şekilde kızartalım

c) Pirinci biraz yağa Sarımsaklı tereyağı ekleyerek kızartın ve Zencefilli sarımsaklı salçayı bir saniye soteleyin, ardından Sebzeleri ve kırmızı biber sosu ve tadına göre tuz ekleyin.

d) Pilavın bir tarafını tutun

e) Şimdi Paneer, Capsicum ve Soğanları alın Biber tozu, kuru mango tozu ve garam masala ve tuz serperek marine edin. Şişe geçirip kızartın veya ızgara yapın.

f) Sosu hazırlayın, Bunun için sıvı yağı bir tavada kızdırın, üzerine biraz su, tuz, soya sosu, kırmızı biber sosu ve son olarak mısır unu bulamacını katıp koyu sosta kaynatın.

g) Şimdi Sizzler'ı bir araya getirme zamanı. Bir sıcak tabak veya kaşa alın iyice ısıtın biraz Lahana yaprağı ve biraz doğranmış lahana koyun ve ardından her şeyi tek tek yerleştirin ve üzerine Soya Biber sosu ekleyin ve Sizzler'in tadını çıkarın

79. Baharatlı Tofu ve Domates

Markalar: 4 BARDAK (948 ML)

İÇİNDEKİLER:
- 2 yemek kaşığı yağ
- 1 tepeleme yemek kaşığı kimyon tohumu
- 1 çay kaşığı zerdeçal tozu
- 1 orta boy kırmızı veya sarı soğan, soyulmuş ve kıyılmış
- 1 (2 inç [5 cm]) parça zencefil kökü, soyulmuş ve rendelenmiş veya kıyılmış
- 6 diş sarımsak, soyulmuş ve rendelenmiş veya kıyılmış
- 2 orta boy domates, soyulmuş (isteğe bağlı) ve doğranmış
- 2–4 yeşil Tay, serrano veya kırmızı biber, doğranmış
- 1 yemek kaşığı domates salçası
- 1 yemek kaşığı garam masala
- 1 yemek kaşığı kurutulmuş çemen otu yaprağı, lezzetini vermesi için elle hafifçe ezilmiş
- 1 su bardağı (237 mL) su
- 2 çay kaşığı kaba deniz tuzu
- 1 çay kaşığı kırmızı şili tozu veya kırmızı biber
- 2 orta boy yeşil biber, çekirdekleri çıkarılmış ve doğranmış (2 su bardağı)
- 2 (14 ons [397 g]) paket ekstra sert organik tofu, fırınlanmış ve küp küp doğranmış

TALİMATLAR:
a) Büyük, ağır bir tavada yağı orta-yüksek ateşte ısıtın.
b) Kimyon ve zerdeçal ekleyin. Tohumlar cızırdayana kadar yaklaşık 30 saniye pişirin.
c) Soğan, zencefil kökü ve sarımsağı ekleyin. Ara sıra karıştırarak hafifçe kızarana kadar 2 ila 3 dakika pişirin.
d) Domates, kırmızı biber, salça, garam masala, çemen, su, tuz ve kırmızı biber tozu ekleyin. Isıyı biraz azaltın ve açıkta 8 dakika pişirin.
e) Biberleri ekleyin ve 2 dakika daha pişirin. Tofu ekleyin ve hafifçe karıştırın. Tamamen ısınana kadar 2 dakika daha pişirin. Kahverengi veya beyaz basmati pirinci, roti veya naan ile servis yapın.

80. Kimyonlu Patates Ezmesi

Markalar: 4 BARDAK (948 ML)

İÇİNDEKİLER:

- 1 yemek kaşığı yağ
- 1 yemek kaşığı kimyon tohumu
- ½ çay kaşığı asafetida
- ½ çay kaşığı toz zerdeçal
- ½ çay kaşığı mango tozu (amchur)
- 1 küçük sarı veya kırmızı soğan, soyulmuş ve doğranmış
- 1 parça zencefil kökü, soyulmuş ve rendelenmiş veya kıyılmış
- 3 büyük haşlanmış patates (her türden), soyulmuş ve doğranmış (4 su bardağı [600 g])
- 1 çay kaşığı kaba deniz tuzu
- 1–2 yeşil Tay, serrano veya kırmızı biber, sapları çıkarılmış, ince dilimlenmiş
- ¼ fincan (4 gr) kıyılmış taze kişniş, kıyılmış ½ limon suyu

TALİMATLAR:

a) Derin, ağır bir tavada yağı orta-yüksek ateşte ısıtın.

b) Kimyon, asafetida, zerdeçal ve mango tozunu ekleyin. Tohumlar cızırdayana kadar yaklaşık 30 saniye pişirin.

c) Soğan ve zencefil kökü ekleyin. Yapışmayı önlemek için karıştırarak bir dakika daha pişirin.

d) Patatesleri ve tuzu ekleyin. İyice karıştırın ve patatesler iyice ısınana kadar pişirin.

e) Chiles, kişniş ve limon suyu ile doldurun. Roti veya naan ile bir taraf olarak servis yapın veya bir besan Poora veya Dosa'da yuvarlayın. Bu, sebzeli bir sandviç için bir dolgu olarak harikadır ve hatta bir marul kabında servis edilir.

81. Hardal Tohumlu Patates Ezmesi

Markalar: 4 BARDAK (948 ML)

İÇİNDEKİLER:
- 1 yemek kaşığı bölünmüş gram (chana dal)
- 1 yemek kaşığı yağ
- 1 çay kaşığı zerdeçal tozu
- 1 çay kaşığı siyah hardal tohumu
- 10 köri yaprağı, kabaca doğranmış
- 1 küçük sarı veya kırmızı soğan, soyulmuş ve doğranmış
- 3 büyük haşlanmış patates (her türden), soyulmuş ve doğranmış (4 su bardağı [600 g])
- 1 çay kaşığı kaba beyaz tuz
- 1–2 yeşil Tay, serrano veya kırmızı biber, sapları alınmış, ince dilimlenmiş

TALİMATLAR:
a) Kalan malzemeleri hazırlarken bölünmüş gramı kaynamış suya batırın.

b) Derin, ağır bir tavada yağı orta-yüksek ateşte ısıtın.

c) Zerdeçal, hardal, köri yaprakları ve süzülmüş bölünmüş gramı ekleyin. Dikkatli olun, tohumlar patlayabilir ve ıslanan mercimekler yağ sıçratabilir, bu nedenle bir kapağa ihtiyacınız olabilir. Yapışmayı önlemek için karıştırarak 30 saniye pişirin.

d) Soğanı ekleyin. Hafifçe kızarana kadar yaklaşık 2 dakika pişirin.

e) Patatesleri, tuzu ve karabiberi ekleyin. 2 dakika daha pişirin. Roti veya naan ile bir taraf olarak servis yapın veya bir besan Poora veya Dosa'da yuvarlayın. Bu, sebzeli bir sandviç için bir dolgu olarak harikadır ve hatta bir marul kabında servis edilir.

82. Punjabi Usulü Lahana

Yapar: 7 BARDAK

İÇİNDEKİLER:
- 3 yemek kaşığı (45 mL) sıvı yağ
- 1 yemek kaşığı kimyon tohumu
- 1 çay kaşığı zerdeçal tozu
- ½ sarı veya kırmızı soğan, soyulmuş ve doğranmış
- 1 parça zencefil kökü, soyulmuş ve rendelenmiş veya kıyılmış
- 6 diş sarımsak, soyulmuş ve kıyılmış
- 1 orta boy patates, soyulmuş ve doğranmış
- 1 orta boy baş beyaz lahana, dış yapraklar çıkarılmış ve ince kıyılmış (yaklaşık 8 su bardağı [560 g])
- 1 su bardağı (145 gr) bezelye, taze veya dondurulmuş
- 1 yeşil Thai, serrano veya cayenne şili, sapı çıkarılmış, doğranmış
- 1 çay kaşığı öğütülmüş kişniş
- 1 çay kaşığı öğütülmüş kimyon
- 1 çay kaşığı öğütülmüş karabiber
- ½ çay kaşığı kırmızı şili tozu veya kırmızı biber
- 1½ çay kaşığı deniz tuzu

TALİMATLAR:
a) Tüm malzemeleri yavaş pişiriciye koyun ve hafifçe karıştırın.

b) 4 saat kısık ateşte pişirin. Beyaz veya kahverengi basmati pirinci, roti veya naan ile servis yapın. Bu, biraz çiseleyen soya yoğurdu raita ile bir pide için harika bir dolgu maddesidir.

83. Hardal Tohumlu ve Hindistan Cevizli Lahana

Yapar: 6 BARDAK

İÇİNDEKİLER:

- 2 yemek kaşığı bütün, derili siyah mercimek
- 2 yemek kaşığı hindistan cevizi yağı
- ½ çay kaşığı asafetida
- 1 çay kaşığı siyah hardal tohumu
- 10–12 köri yaprağı, iri kıyılmış
- 2 yemek kaşığı şekersiz rendelenmiş hindistan cevizi
- 1 orta boy beyaz lahana, doğranmış (8 su bardağı [560 g])
- 1 çay kaşığı kaba deniz tuzu
- 1–2 Tay, serrano veya kırmızı biber, sapları çıkarılmış, uzunlamasına dilimlenmiş

TALİMATLAR:

a) Kalan malzemeleri hazırlarken mercimekleri kaynamış suya batırın ki yumuşasınlar.

b) Derin, ağır bir tavada yağı orta-yüksek ateşte ısıtın.

c) Asafetida, hardal, süzülmüş mercimek, köri yaprakları ve hindistancevizi ekleyin. Tohumlar patlayana kadar yaklaşık 30 saniye ısıtın. Köri yapraklarını veya hindistan cevizini yakmamaya dikkat edin. Tohumlar dışarı fırlayabilir, bu nedenle bir kapağı el altında bulundurun.

d) Lahanayı ve tuzu ekleyin. Lahana soluncaya kadar 2 dakika boyunca düzenli olarak karıştırarak pişirin.

e) Şilileri ekleyin. Hemen ılık salata, soğuk veya roti veya naan ile servis yapın.

84. Patatesli Çalı Fasulyesi

Yapar: 5 BARDAK

İÇİNDEKİLER:
- 1 yemek kaşığı yağ
- 1 çay kaşığı kimyon tohumu
- ½ çay kaşığı toz zerdeçal
- 1 orta boy kırmızı veya sarı soğan, soyulmuş ve doğranmış
- 1 parça zencefil kökü, soyulmuş ve rendelenmiş veya kıyılmış
- 3 diş sarımsak, soyulmuş ve rendelenmiş veya kıyılmış
- 1 orta boy patates, soyulmuş ve doğranmış
- ¼ su bardağı (59 mL) su
- 4 su bardağı (680 gr) kıyılmış çalı fasulyesi (½ inç [13 mm] uzunluğunda)
- 1–2 Tay, serrano veya kırmızı biber, doğranmış
- 1 çay kaşığı kaba deniz tuzu
- 1 çay kaşığı kırmızı şili tozu veya kırmızı biber

TALİMATLAR:
a) Ağır, derin bir tavada yağı orta-yüksek ateşte ısıtın.

b) Kimyon ve zerdeçal ekleyin ve tohumlar yaklaşık 30 saniye cızırdayana kadar pişirin.

c) Soğan, zencefil kökü ve sarımsağı ekleyin. Hafif kahverengi olana kadar yaklaşık 2 dakika pişirin.

d) Patatesi ekleyin ve sürekli karıştırarak 2 dakika daha pişirin. Yapışmayı önlemek için su ekleyin.

e) Çalı fasulyesini ekleyin. Ara sıra karıştırarak 2 dakika pişirin.

f) Biberleri, tuzu ve kırmızı biber tozunu ekleyin.

g) Isıyı orta-düşük seviyeye düşürün ve tavayı kısmen kapatın. Fasulye ve patates yumuşayana kadar 15 dakika pişirin. Isıyı kapatın ve tavayı aynı ocakta 5 ila 10 dakika daha örtün.

h) Beyaz veya kahverengi basmati pirinci, roti veya naan ile servis yapın.

85. patatesli patlıcan

Üretir: 6 BARDAK (1,42 L)

İÇİNDEKİLER:
- 2 yemek kaşığı yağ
- ½ çay kaşığı asafetida
- 1 çay kaşığı kimyon tohumu
- ½ çay kaşığı toz zerdeçal
- 1 (2 inç [5 cm]) parça zencefil kökü, soyulmuş ve ½ inç (13 mm) uzunluğunda kibrit çöpleri şeklinde kesilmiş
- 4 diş sarımsak, soyulmuş ve kabaca doğranmış
- 1 orta boy patates, soyulmuş ve kabaca doğranmış
- 1 büyük soğan, soyulmuş ve kabaca doğranmış
- 1–3 Tay, serrano veya kırmızı biber, doğranmış
- 1 büyük domates, kabaca doğranmış
- Kabuklu 4 orta boy patlıcan, kabaca doğranmış, odunsu uçları dahil (8 su bardağı [656 g])
- 2 çay kaşığı kaba deniz tuzu
- 1 yemek kaşığı garam masala
- 1 yemek kaşığı öğütülmüş kişniş
- 1 çay kaşığı kırmızı şili tozu veya kırmızı biber
- Garnitür için 2 yemek kaşığı kıyılmış taze kişniş

TALİMATLAR:

a) Derin, ağır bir tavada yağı orta-yüksek ateşte ısıtın.

b) Asafetida, kimyon ve zerdeçal ekleyin. Tohumlar cızırdayana kadar yaklaşık 30 saniye pişirin.

c) Zencefil kökü ve sarımsağı ekleyin. Sürekli karıştırarak 1 dakika pişirin.

d) Patatesi ekleyin. 2 dakika pişirin.

e) Soğanları ve biberleri ekleyin ve hafifçe kahverengi olana kadar 2 dakika daha pişirin.

f) Domatesi ekleyin ve 2 dakika pişirin. Bu noktada yemeğiniz için bir altlık oluşturmuş olacaksınız.

g) Patlıcanı ekleyin. (Sizin ve misafirleriniz daha sonra lezzetli, etli merkezi çiğneyebilmeniz için odunsu uçları korumak önemlidir.)

h) Tuz, garam masala, kişniş ve kırmızı şili tozu ekleyin. 2 dakika pişirin.

i) Isıyı düşük seviyeye getirin, tavayı kısmen kapatın ve 10 dakika daha pişirin.

j) Isıyı kapatın, tavayı tamamen örtün ve 5 dakika bekletin, böylece tüm tatlar gerçekten karışma şansına sahip olur. Kişniş ile süsleyin ve roti veya naan ile servis yapın.

86. Masala Brüksel Lahanası

Markalar: 4 BARDAK (948 ML)

İÇİNDEKİLER:

- 1 yemek kaşığı yağ
- 1 çay kaşığı kimyon tohumu
- 2 su bardağı (474 mL) Gila Masala
- 1 su bardağı (237 mL) su
- 4 yemek kaşığı (60 mL) Kaju Kreması
- 4 su bardağı (352 gr) Brüksel lahanası, kırpılmış ve ikiye bölünmüş
- 1–3 Tay, serrano veya kırmızı biber, doğranmış
- 2 çay kaşığı kaba deniz tuzu
- 1 çay kaşığı garam masala
- 1 çay kaşığı öğütülmüş kişniş
- 1 çay kaşığı kırmızı şili tozu veya kırmızı biber
- Garnitür için 2 yemek kaşığı kıyılmış taze kişniş

TALİMATLAR:

a) Derin, ağır bir tavada yağı orta-yüksek ateşte ısıtın.

b) Kimyonu ekleyin ve tohumlar cızırdayana kadar yaklaşık 30 saniye pişirin.

c) Kuzey Hindistan Domates Çorbası Suyu, su, Kaju Kreması, Brüksel lahanası, kırmızı biber, tuz, garam masala, kişniş ve kırmızı biber tozu ekleyin.

d) kaynatın. Isıyı azaltın ve Brüksel lahanaları yumuşayıncaya kadar 10 ila 12 dakika kapağı açık olarak pişirin.

e) Kişniş ile süsleyin ve kahverengi veya beyaz basmati pirinci veya roti veya naan ile servis yapın.

87. Hardal Tohumlu ve Hindistan Cevizli Pancar

Yapar: 3 BARDAK (711 ML)

İÇİNDEKİLER:
f) 1 yemek kaşığı yağ
g) 1 çay kaşığı siyah hardal tohumu
h) 1 orta boy sarı veya kırmızı soğan, soyulmuş ve doğranmış
i) 2 çay kaşığı öğütülmüş kimyon
j) 2 çay kaşığı öğütülmüş kişniş
k) 1 çay kaşığı Güney Hindistan masala
l) 1 yemek kaşığı şekersiz, kıyılmış hindistan cevizi
m)   5–6 küçük pancar, soyulmuş ve doğranmış (3 su bardağı [408 g])
n) 1 çay kaşığı kaba deniz tuzu
o) 1½ [356 mL] bardak su

TALİMATLAR:
a) Ağır bir tavada, yağı orta-yüksek ateşte ısıtın.
b) Hardal tohumlarını ekleyin ve yaklaşık 30 saniye cızırdayana kadar pişirin.
c) Soğanı ekleyin ve yaklaşık 1 dakika hafifçe kahverengi olana kadar pişirin.
d) Kimyon, kişniş, Güney Hindistan masalası ve hindistancevizi ekleyin. 1 dakika pişirin.
e) Pancarları ekleyin ve 1 dakika pişirin.
f) Tuz ve suyu ekleyin. Bir kaynamaya getirin, ısıyı azaltın, örtün ve 15 dakika pişirin.
g) Ocağı kapatın ve yemeğin tüm tatları çekmesi için tencerenin üzerini kapatarak 5 dakika bekletin. Kahverengi veya beyaz basmati pirinci veya roti veya naan ile servis yapın.

88. "Paneer" ile Baharatlı Ispanak

Üretir: 10 BARDAK (2,37 L)

İÇİNDEKİLER:

- 2 yemek kaşığı yağ
- 1 yemek kaşığı kimyon tohumu
- 1 çay kaşığı zerdeçal tozu
- 1 büyük sarı veya kırmızı soğan, soyulmuş ve doğranmış
- 1 (2 inç [5 cm]) parça zencefil kökü, soyulmuş ve rendelenmiş veya kıyılmış
- 6 diş sarımsak, soyulmuş ve rendelenmiş veya kıyılmış
- 2 büyük domates, doğranmış
- 1–2 Tay, serrano veya kırmızı biber, doğranmış
- 2 yemek kaşığı domates salçası
- 1 su bardağı (237 mL) su
- 1 yemek kaşığı öğütülmüş kişniş
- 1 yemek kaşığı garam masala
- 2 çay kaşığı kaba deniz tuzu
- 12 su bardağı (360 gr) yoğun şekilde paketlenmiş doğranmış taze ıspanak
- 1 (14 ons [397 g]) paket ekstra sert, organik tofu, fırınlanmış ve küp küp doğranmış

TALİMATLAR:

a) Geniş, ağır bir tavada yağı orta-yüksek ateşte ısıtın.

b) Kimyon ve zerdeçal ekleyin ve tohumlar yaklaşık 30 saniye cızırdayana kadar pişirin.

c) Soğanı ekleyin ve yapışmaması için hafifçe karıştırarak yaklaşık 3 dakika kahverengi olana kadar pişirin.

d) Zencefil kökü ve sarımsağı ekleyin. 2 dakika pişirin.

e) Domates, kırmızı biber, salça, su, kişniş, garam masala ve tuzu ekleyin. Isıyı azaltın ve 5 dakika pişirin.

f) Ispanağı ekleyin. Bunu, solgunlaştıkça daha fazlasını ekleyerek gruplar halinde yapmanız gerekebilir. Çok fazla ıspanağınız varmış gibi görünecek, ama endişelenmeyin. Hepsi pişecek. Güven bana!

g) Ispanak soluncaya ve pişene kadar 7 dakika pişirin. Bir daldırma blenderi veya geleneksel bir blender ile karıştırın.

h) Tofu ekleyin ve 2 ila 3 dakika daha pişirin. Roti veya naan ile servis yapın.

89. Çemen-Ispanaklı Patates

Yapar: 3 BARDAK (711 ML)

İÇİNDEKİLER:

- 2 yemek kaşığı yağ
- 1 çay kaşığı kimyon tohumu
- 1 12 onsluk paket donmuş ıspanak
- 1½ bardak kurutulmuş çemen otu yaprağı
- 1 büyük patates, soyulmuş ve doğranmış
- 1 çay kaşığı kaba deniz tuzu
- ½ çay kaşığı toz zerdeçal
- ¼ çay kaşığı kırmızı şili tozu veya kırmızı biber
- ¼ su bardağı (59 mL) su

TALİMATLAR:

a) Ağır bir tavada, yağı orta-yüksek ateşte ısıtın.

b) Kimyonu ekleyin ve tohumlar cızırdayana kadar yaklaşık 30 saniye pişirin.

c) Ispanağı ekleyin ve ısıyı orta-düşük seviyeye indirin. Tavayı örtün ve 5 dakika pişirin.

d) Çemen otu yapraklarını ekleyin, hafifçe karıştırın, kapağı kapatın ve 5 dakika daha pişirin.

e) Patates, tuz, zerdeçal, kırmızı şili tozu ve suyu ekleyin. Yavaşça karıştırın.

f) Kapağı değiştirin ve 10 dakika pişirin.

g) Tavayı ocaktan alın ve kapağı kapalı olarak 5 dakika daha bekletin. Roti veya naan ile servis yapın.

90. çıtır bamya

Markalar: 4 BARDAK (948 ML)

İÇİNDEKİLER:
- 2 yemek kaşığı yağ
- 1 çay kaşığı kimyon tohumu
- 1 çay kaşığı zerdeçal tozu
- 1 büyük sarı veya kırmızı soğan, soyulmuş ve çok kabaca doğranmış
- 1 parça zencefil kökü, soyulmuş ve rendelenmiş veya kıyılmış
- 3 diş sarımsak, soyulmuş ve doğranmış, kıyılmış veya rendelenmiş
- 2 kilo bamya, yıkanmış, kurutulmuş, kesilmiş ve kesilmiş
- 1–2 Tay, serrano veya kırmızı biber, doğranmış
- ½ çay kaşığı mango tozu
- 1 çay kaşığı kırmızı şili tozu veya kırmızı biber
- 1 çay kaşığı garam masala
- 2 çay kaşığı kaba deniz tuzu

TALİMATLAR:

a) Derin, ağır bir tavada yağı orta-yüksek ateşte ısıtın. Kimyon ve zerdeçal ekleyin. Tohumlar yaklaşık 30 saniye cızırdamaya başlayana kadar pişirin.

b) Soğanı ekleyin ve kızarana kadar 2 ila 3 dakika pişirin. Bu bamyam için önemli bir adım. Büyük, tıknaz soğan parçalarının her tarafı kahverengileşmeli ve hafifçe karamelize olmalıdır. Bu, son yemek için lezzetli bir temel olacak.

c) Zencefil kökü ve sarımsağı ekleyin. Ara sıra karıştırarak 1 dakika pişirin.

d) Bamyayı ekleyin ve bamya parlak yeşile dönene kadar 2 dakika pişirin.

e) Biberleri, mango tozunu, kırmızı biber tozunu, garam masalayı ve tuzu ekleyin. Ara sıra karıştırarak 2 dakika pişirin.

f) Isıyı düşük seviyeye indirin ve tavayı kısmen kapatın. Ara sıra karıştırarak 7 dakika pişirin.

g) Isıyı kapatın ve kapağı tencereyi tamamen kaplayacak şekilde ayarlayın. Tüm tatların emilmesini sağlamak için 3 ila 5 dakika bekletin.

h) Kişniş ile süsleyin ve kahverengi veya beyaz basmati pirinci, roti veya naan ile servis yapın.

91. Baharatlı hardallı ızgara sosis

Yapar: 1 porsiyon

İÇİNDEKİLER:

- Hafif İtalyan sosisi --
- Izgara
- baharatlı hardal
- Şiş

TALİMATLAR:

a) Hafif İtalyan sosisini ızgara yapın veya ızgara yapın; parçalara ayırın ve en sevdiğiniz baharatlı hardal eşliğinde şiş üzerinde servis yapın.

92. Izgara sosis ve Portobello

Yapar: 6 porsiyon

İÇİNDEKİLER:

- 2 pound Domates; ikiye bölünmüş
- 1 büyük Portobello mantarı
- 1 yemek kaşığı Bitkisel yağ
- 1 çay kaşığı Tuz; bölünmüş
- 1 pound Tatlı İtalyan sosisi
- 2 yemek kaşığı zeytinyağı
- 1 çay kaşığı Kıyılmış sarımsak
- ¼ çay kaşığı Kekik
- ¼ çay kaşığı Taze çekilmiş biber
- 1 kilo Rigatoni

TALİMATLAR:

a) Isı ızgarası

b) Domatesleri ve mantarı bitkisel yağla fırçalayın ve ½ çay kaşığı tuzla tatlandırın. Domatesler için 5 ila 10 dakika ve mantarlar için 8 ila 12 dakika yumuşayana kadar orta ateşte bir kez döndürerek ızgara yapın. Sosisleri bir kez çevirerek 15 ila 20 dakika ızgara yapın.

c) Domatesleri küp küp doğrayın; sosis ve mantar dilimleri; Büyük tabağa geçin. Zeytinyağı, sarımsak, kalan ½ çay kaşığı tuz, kekik ve karabiberi ilave edip karıştırın.

d) sıcak rigatoni ile karıştırın.

93. Şampanya ızgara pırasa

Yapar: 4 Porsiyon

İÇİNDEKİLER:

- 6 orta büyüklükte sızıntı
- 2 yemek kaşığı zeytinyağı
- 1 su bardağı taze kekik; kabaca doğranmış
- 2 bardak şampanya
- 1 su bardağı tavuk suyu
- 1 su bardağı ufalanmış beyaz peynir
- Tuz ve biber; tatmak

TALİMATLAR:

a) Pırasanın üst ve alt kısımlarını kesin, pırasanın beyaz kısmının üzerinde yaklaşık 2 ila 3 inç yeşil bırakın. Budanmış pırasanın ortasından, pırasanın yeşiline doğru uzunlamasına birkaç dilim yapın. Pırasayı iyice durulayın.

b) Büyük Sear tavada, zeytinyağını orta ateşte ısıtın. Yağ kızınca kekiği ekleyin ve 1 dakika karıştırın. Pırasayı ekleyin ve birkaç tarafı hafifçe altın sarısı olana kadar 3 dakika kavurun. Şampanya ve et suyu ekleyin ve pırasaları yumuşayana kadar yaklaşık 8 dakika pişirin. Pırasaları tavadan alın ve bir kenara koyun.

c) Tavada kalan sosu yarı yarıya azalana kadar kaynatmaya devam edin. Bu arada, orta derecede sıcak bir kömür ateşinde 8 ila 10 dakika boyunca birkaç kez çevirerek pırasayı ızgara yapın. Pırasayı ızgaradan çıkarın ve uzunlamasına ikiye bölün.

d) Her Porsiyona biraz beyaz peynir ve biraz azaltılmış sos ekleyerek hemen servis yapın.

94. Kömürde ızgara shiitake

Yapar: 4 Porsiyon

İÇİNDEKİLER:

- 8 ons Shiitake
- 1 yemek kaşığı zeytinyağı
- 1 yemek kaşığı Tamari
- 1 yemek kaşığı Sarımsak, ezilmiş
- 1 çay kaşığı Biberiye, kıyılmış
- tuz ve karabiber
- 1 çay kaşığı Akçaağaç şurubu
- 1 çay kaşığı Susam yağı
- olgunlaşmamış soya fasülyesi

TALİMATLAR:

a) Mantarları durulayın. Sapları çıkarın ve atın. Mantarları kalan malzemelerle karıştırın ve 5 dakika marine edin. Kapakları hafifçe kızarana kadar kömürlerin üzerinde ızgara yapın.

b) Edamame ile süsleyin.

95. Izgara konfeti sebzeleri

Yapar: 4 Porsiyon

İÇİNDEKİLER:

- 8 adet çeri domates; - ikiye bölünmüş, 10'a kadar
- 1½ su bardağı koçanından kesilmiş mısır
- 1 tatlı kırmızı biber; julienned
- ½ orta boy yeşil biber; julienned
- 1 küçük Soğan; parçalı
- 1 yemek kaşığı taze fesleğen yaprağı; doğranmış
- ¼ çay kaşığı Rendelenmiş limon kabuğu
- Tuz ve biber; tatmak
- 1 yemek kaşığı + 1 tatlı kaşığı tuzsuz tereyağı

TALİMATLAR:
a) Tereyağı hariç tüm malzemeleri geniş bir kapta karıştırın; iyice karıştırmak için hafifçe karıştırın. Sebze karışımını ikiye bölün. Her bir yarıyı 12 x 12" ağır hizmet tipi alüminyum folyonun ortasına yerleştirin. Sebzeleri tereyağ ile noktalayın
b) Bir piramit oluşturmak için folyonun köşelerini bir araya getirin; mühürlemek için çevirin.
c) Folyo paketleri orta derecede sıcak kömürlerin üzerinde 15 ila 20 dakika veya sebzeler yumuşayana kadar ızgara yapın. Hemen servis yapın.

TATLI

96. Çikolata Soslu Sizzler Fudge Brownie

İÇİNDEKİLER:

- 1 su bardağı şekersiz kakao tozu
- 1 fincan çok amaçlı un
- 1 1/2 su bardağı toz şeker
- 1 çay kaşığı tuz
- 2 yemek kaşığı vanilya tozu/esans
- 1 su bardağı eritilmiş tereyağı
- 4 yumurta
- 250 gram bitter çikolata
- 2 yemek kaşığı tatsız yağ

TALİMATLAR:

a) Bu kekler, buruşuk tepeli, yumuşak, yapışkan. Keyifle yenecek, yapımı kolay ve çok lezzetli mükemmel bir kek. Tek yapmanız gereken adım adım tarifi takip etmek ve siz de mükemmel şekerleme keklerine sahip olacaksınız. Bu tarifte her zaman kaliteli bitter çikolata kullanın. Gerekli herhangi bir tarifte daima kaliteli şekersiz kakao tozu kullanın. Herhangi bir vanilya tozu veya özü veya özü kullanabilirsiniz.

b) malzemeler basit hadi şekerlemeli kek yapalım. Öncelikle bitter çikolataları doğrayın ben ekstra bitter çikolata kullanıyorum o yüzden 1 1/2 su bardağı şeker kullanıyorum eğer bitter çikolata veya yarı tatlı veya tatlı çikolata kullanıyorsanız ona göre şekeri de ekleyin ben brownileri çikolata sosuyla tamamlayayım bunların hepsi tadı dengeleyecektir. Çikolatalarınızı kontrol edin, ardından gerektiği kadar şeker ekleyin. Kahverengi şekeriniz varsa, hem kahverengi hem de beyaz şekerin yarısını ve yarısını kullanın.

c) Çikolataları kabaca doğradıktan sonra bir kısmını iri parçalar halinde birazını küçük bir kısmını toz haline getirin ve bir kenarda bekletin ve içine eritilmiş tereyağı ve şekeri ilave ettiğiniz büyük bir kaba alın. Ardından içindeki dört yumurtayı da kırın ve elektrikli bir karıştırıcı ile çırpın. Manuel olarak da çırpabilirsiniz, ancak bu durumda sonuç o kadar iyi olmayacaktır. 5-6 dakika yüksek devirde çırpın. O zamana kadar havadar, soluk renkli olacak ve boyut olarak neredeyse iki katına çıkacak ve kremsi bir tür olacak. Ardından bitkisel yağı ekleyin ve tekrar karıştırın.

d) Daha sonra tüm kuru malzemeleri aynı kaba eleyin. içinde çok sayıda topak olduğu için her zaman kakao tozunu eleyin. eledikten sonra hem ıslak hem de kuru malzemeleri kesme ve katlama talimatları ile birleştirin. herhangi bir kabartıcı eklemediğimizi unutmayın, bu nedenle ıslak malzemelerimize kattığımız hava, yapışkan bir kek için kalmalıdır. Her zaman çok ince kenarlı bir spatula ile katlayın, böylece katlama sırasında hamur içinde hava kalır. M7x'i abartmayın, aksi takdirde zor olacaktır.

e) Tamamen karıştıktan sonra içine doğranmış çikolataların 3/4'ünü ekleyin ve tekrar yavaşça karıştırın. Bu arada fırını 180°C'de 15 dakika önceden ısıtın.

f) Daha sonra bir fırın kalıbını sıvı yağ ile yağlayıp yağlı kağıt veya parşömen kağıdı ile kaplayın ve tekrar fırçalayın. Şimdi tüm hamuru fırın tepsisine dökün. Sonra bir kaşık veya spatula ile düzleştirin ve hafifçe vurun. Şimdi üzerine kalan doğranmış çikolataları ekleyin ve eşit şekilde yayın.

g) Şimdi önceden ısıtılmış fırında tutun ve 180°C'de 50 dakika veya fırınınıza göre pişirin. Fırınınızda 5 dakikadan fazla veya az sürebilir, bu yüzden gözünüz üzerinde olsun. Piştikten sonra fırından çıkarın, ortası yumuşak ve yapışkan bir hal alacak ama tekrar pişirmeyin, soğuyunca mükemmel olacaktır. 10 dakika kadar fırın tepsisinde bekletin ve yağlı kağıttan çekerek kolayca çıkarın. 15-20 dakika soğumaya bırakın, ardından istediğiniz şekil ve boyutta kesin.

h) İster bu şekilde isterseniz çikolata sos ile servis edebilirsiniz. Çikolata sosu için hesabımda daha önce yayınlanan tarifime bakın ve orada alacaksınız. Ama biz daha cızırtılı kek yapıyoruz, bu yüzden cızırtılı tabağımı yüksek ateşte tutacağım ve çok sıcak yapacağım. Ardından üzerine çikolata sosunu dökün ve o cızırtılı sesi duyun bayılacaksınız. Daha sonra üzerine brownie parçalarını yerleştirin ve vanilyalı dondurma ile süsleyin. Tamamen isteğe bağlıdır, ancak bu şekilde servis edildiğinde en iyi tadı verir.

i) Ardından üzerine biraz daha çikolata sosu gezdirip servis yapın. Aileniz ve arkadaşlarınızla bu restoran tarzı sizzler şekerleme kekinin tadını çıkarın.

97. Suji ve Meyveli Izgara Puding

4 Porsiyon yapar

İÇİNDEKİLER:

- 1 yemek kaşığı bitkisel margarin
- ¼ su bardağı tuzsuz ızgara kaju fıstığı
- ¼ su bardağı altın kuru üzüm
- 1 su bardağı suji
- ½ su bardağı şeker
- 1½ su bardağı ananas, mango veya beyaz üzüm suyu
- ¼ su bardağı ananas parçaları
- ¼ çay kaşığı öğütülmüş kakule

TALİMATLAR:

a) Margarini orta ateşte kısık ateşte ısıtın.

b) Kaju fıstığını, kuru üzümü ve sujiyi düzenli olarak karıştırarak yaklaşık 5 dakika kokulu olana kadar kızartın.

c) Şeker ve ananas suyunu ekledikten sonra sürekli karıştırarak kaynamaya devam edin.

d) Kalın bir puding oluşana kadar birkaç dakika daha pişirin, ardından ananas parçalarını ve kakuleyi ekleyin.

e) Pudingi servis etmek için dört küçük tatlı kasesine eşit olarak bölün.

98. ızgara muz

Yapar: 6

İÇİNDEKİLER:

- 1/2 su bardağı tereyağı, eritilmiş
- 1/2 su bardağı paketlenmiş açık kahverengi şeker
- 6 sert muz, uzunlamasına kesilmiş
- 1 litre vanilyalı dondurma
- 1 su bardağı sıcak şekerleme, ısıtılmış

TALİMATLAR:

a) Izgarayı orta-yüksek ısıya önceden ısıtın.

b) Tereyağı ve kahverengi şekeri 9 "x 13" pişirme kabında birleştirin ve iyice karıştırın.

c) Muzları tamamen kaplamak için tereyağı karışımıyla fırçalayın.

d) 4 ila 6 dakika veya kenarları kabarcıklanmaya başlayana kadar, düz tarafı ızgarada aşağı bakacak şekilde pişirin; bir spatula ile çevirin ve 2 ila 3 dakika daha veya hafifçe kızarana kadar pişirin.

e) 6 tabaktan her birine 2 adet pişmiş muz dilimi yerleştirin, üzerine dondurma ekleyin ve sıcak şekerleme ile gezdirin.

f) Hemen servis yapın.

99. Çikolatalı Brownie Sizzler

İÇİNDEKİLER:
BROWNİ İÇİN
- 1/2 pudra şekeri
- 1/4 su bardağı esmer şeker
- 2 yumurta
- 1/2 çay kaşığı vanilya / çikolata özü
- 1/2 su bardağı 75 gram tereyağ
- 3/4 su bardağı un
- 1/4 fincan kakao tozu
- 2 yemek kaşığı pişirme çikolata parçaları
- 3 yemek kaşığı süt
- 1 tatlı kaşığı tepeleme kabartma tozu
ÇİKOLATA SOSU İÇİN
- 2 yemek kaşığı tereyağı
- 2 yemek kaşığı ceviz/badem (isteğe bağlı)
- 3 yemek kaşığı pudra şekeri
- 3 yemek kaşığı pişirme çikolata / kakao tozu
- 3 yemek kaşığı mısır şurubu
- 3 yemek kaşığı taze krema
- 8/8 kare fırın tepsisi
- 2,3 top vanilyalı dondurma

TALİMATLAR:
a) Un, kakao tozu ve kabartma tozunu birlikte eleyin.

b) Şimdi bir kase alın tüm malzemeleri kabul edin çikolata parçalarını ve sütü ekleyin ve orta hızda 3 dakika çırpın.

c) Şimdi brownie karışımının krema kıvamına gelip gelmediğini kontrol edin, sütü ekleyin ve spatula ile karıştırın.

d) Şimdi karışımı 8/8 kare kek kalıbına dökün ve spatula ile yayın.

e) Şimdi üstüne çikolata parçaları ekleyin ve saat yönünde karıştırın.

f) Fırını 180 derecede 12 dakika ısıtın ve kek karışımını orta rafa dökün ve 27-30 dakika pişirin.

g) 27 dakikadan sonra gözünüz kekin üzerinde olsun şiş/kürdan ile keki kontrol edin şiş karışımsızsa pişmiştir ama dakikası varsa fırında

3-5 dakika daha pişirin, hazırsa keki çıkarın ve 5 ila 10 dakika pişmelerini bekleyin, ardından yağlı kağıdı bu şekilde çevirin.

h) Şimdi keki kesin ve buzdolabında 20 dakika soğumaya bırakın.

i) Bu arada brownie cızırtılı sosu yapmalıyız, şimdi bir kenara ayırdığınız malzemeleri toplayın.

j) Tavayı ısıtın, tüm malzemeleri ekleyin ve 2 dakika kısık ateşte pişirin ve kıvam bu şekilde koyulaşınca karıştırmaya devam edin.

k) Tavayı ısıtın, tüm malzemeleri ekleyin, 2 dakika pişirin ve kıvamı koyuysa spatula/kaşıkla başlayın, pişecektir, ateşi kapatın.

l) Brownie'yi soğumaya bırakın ve kesin.

m)   Cızırtılı tepsiyi/herhangi bir yuvarlak kek kalıbını ısıtın ve biraz sıvı yağ ile fırçalayın, yarım çikolata sosu ekleyin, keki ekleyin ve ardından sıcak çikolata sosunu en üste gezdirerek vanilyalı dondurma çubuklarını ekleyin.

n) Orta ila küçük boy kek parçalarını kesebileceğim yuvarlak cızırtılı tabağım var.

o) Sizzler restaurant tarzında nefis sıcak ve soğuk brownie sizzler evlerinize servise hazır, afiyet olsun.

100. Gajar Helva Ve Sünger Sizzler

Yapar: 4

İÇİNDEKİLER:
- Vanilyalı pandispanya 1 (6" çap)
- Çikolatalı pandispanya 1 (6" çap)
- Portakal suyu 1/2 su bardağı
- Gajar helvası 2 su bardağı
- Rabdi 2 su bardağı
- Gümüş warq 2 yaprak
- Badem şeritli 12-15

TALİMATLAR:
Sizzler plakasını açık ateşte önceden ısıtın. Pandispanyaları yatay olarak ikiye bölün. Vanilyalı ve çikolatalı keklerin bir yarısının üzerine halka kalıbı yerleştirin ve keskin bir bıçak yardımıyla yuvarlak dilimler kesin. Turtaları portakal suyuyla ıslatın

Yuvarlak çikolatalı pandispanyayı tabandaki halka kalıba yerleştirin. Üzerine kalın bir tabaka gajar helvası yayın ve yüzeyi düzeltin. Vanilyalı pandispanyayı gajar helva tabakasının üzerine yerleştirin ve hafifçe bastırın.

Bir kez daha kalın bir gajar helvası tabakası yayın. Üstü düzleştirin. Dilerseniz bu sandviçi bir süre buzdolabında saklayabilirsiniz.

Bir alüminyum folyo yaprağını katlayın. Isıtılmış cızırtı plakasını ahşap tabanın üzerine yerleştirin. Katlanmış folyoyu plakanın üzerine yerleştirin. Şimdi kek sandviçini folyonun üzerine yerleştirin.

Sandviçi halka kalıptan yavaşça gevşetin. Sandviçin üzerine biraz rabdi dökün. Gümüş folyo ile süsleyin.

Badem pullarını serpin ve hemen servis yapın.

ÇÖZÜM

En doyurucu, rahatlatıcı, eksiksiz ve göze hitap eden yiyeceklerin başlığı 'sıcaklara' verilebilir. ' Basit bir nedenden dolayı, onu görür görmez hepsini yemek istersiniz! Yeterince adil, bir tabakta o kadar çok yiyecek var ki, hayatınızda başka hiçbir şeye ihtiyacınız olmadığını hissediyorsunuz, ancak bu 100 tariften herhangi birini deneyin ve asla geriye bakmayacaksınız! Eğlence.

Ingram Content Group UK Ltd.
Milton Keynes UK
UKHW020610020623
422767UK00006B/77

9 781835 004524